THE ECONOMICS OF MONEY, BANKING AND FINANCIAL MARKETS

(Business School Edition, 5th Edition)

《货币金融学（原书第5版）》习题集

[美] 弗雷德里克·S. 米什金（Frederic S. Mishkin） 著
哥伦比亚大学

蒋先玲 译

本书是弗雷德里克·S. 米什金的《货币金融学》（原书第 5 版）的配套习题集，有助于读者在理论学习与模拟实践两方面相互促进。因其内容的系统性和完整性，又可独立于教材使用。本书设置客观题、主观题和答案三部分，便于学生全面巩固知识。本书通过大量练习，使货币金融学方面的理论变得容易学习和掌握，从而激发学生学习和研究货币金融学的兴趣。

本书适合作为金融专业以及相关经济专业的本科生和研究生的习题集使用，也适合作为专业人士的参考用书。

Frederic S. Mishkin. The Economics of Money, Banking and Financial Markets, Business School Edition, 5th Edition.

ISBN 978-0-13-473420-0

Copyright © 2019, 2016, 2013 by Frederic S. Mishkin.

Simplified Chinese Edition Copyright © 2023 by China Machine Press.

Published by arrangement with the original publisher, Pearson Education, Inc. This edition is authorized for sale and distribution in the Chinese mainland (excluding Hong Kong SAR, Macao SAR and Taiwan).

No part of this book may be reproduced or transmitted in any form or by any means, electronic or mechanical, including photocopying, recording or any information storage and retrieval system, without permission, in writing, from the publisher.

All rights reserved.

本书中文简体字版由 Pearson Education（培生教育出版集团）授权机械工业出版社在中国大陆地区（不包括香港、澳门特别行政区及台湾地区）独家出版发行。未经出版者书面许可，不得以任何方式抄袭、复制或节录本书中的任何部分。

本书封底贴有 Pearson Education（培生教育出版集团）激光防伪标签，无标签者不得销售。

北京市版权局著作权合同登记　图字：01-2020-1529 号。

图书在版编目（CIP）数据

《货币金融学（原书第 5 版）》习题集 /（美）弗雷德里克·S. 米什金（Frederic S. Mishkin）著；蒋先玲译 . —北京：机械工业出版社，2023.7

书名原文：The Economics of Money, Banking and Financial Markets（Business School Edition，5th Edition）

ISBN 978-7-111-73491-8

Ⅰ. ①货… Ⅱ. ①弗… ②蒋… Ⅲ. ①货币和银行经济学 – 高等学校 – 习题集　Ⅳ. ①F820-44

中国国家版本馆 CIP 数据核字（2023）第 137794 号

机械工业出版社（北京市百万庄大街22号　邮政编码100037）
策划编辑：王洪波　　　　　　　责任编辑：王洪波
责任校对：潘　蕊　李　婷　责任印制：李　昂
河北鹏盛贤印刷有限公司印刷
2024 年 4 月第 1 版第 1 次印刷
185mm×260mm・13.5 印张・250 千字
标准书号：ISBN 978-7-111-73491-8
定价：69.00元

电话服务　　　　　　　　　网络服务
客服电话：010-88361066　　机 工 官 网：www.cmpbook.com
　　　　　010-88379833　　机 工 官 博：weibo.com/cmp1952
　　　　　010-68326294　　金　书　网：www.golden-book.com
封底无防伪标均为盗版　　　机工教育服务网：www.cmpedu.com

目 录

第1章　为什么要研究货币、银行和金融市场　/1

第2章　金融体系概览　/8

第3章　什么是货币　/16

第4章　理解利率　/24

第5章　利率行为　/31

第6章　利率的风险与期限结构　/41

第7章　股票市场、理性预期理论和有效市场假说　/50

第8章　金融结构的经济学分析　/58

第9章　银行业与金融机构管理　/68

第10章　金融监管的经济学分析　/76

第11章　银行业：结构与竞争　/84

第12章　金融危机　/91

第13章　非银行金融机构　/98

第14章　金融衍生工具　/105

第15章　金融行业中的利益冲突　/112

第16章　中央银行与联邦储备体系　/119

第 17 章　货币供给过程　/ 127
第 18 章　货币政策工具　/ 138
第 19 章　货币政策的实施：战略与策略　/ 148
第 20 章　外汇市场　/ 158
第 21 章　国际金融体系　/ 165
第 22 章　货币数量论、通货膨胀和货币需求　/ 173
第 23 章　总需求和总供给分析　/ 181
第 24 章　货币政策理论　/ 191
第 25 章　货币政策传导机制　/ 202

第 1 章

为什么要研究货币、银行和金融市场

选择题

1. 金融市场通过引导资金从_____流向_____，促进经济效率提高。
   - (A) 投资者；储蓄者
   - (B) 借款者；储蓄者
   - (C) 储蓄者；借款者
   - (D) 储蓄者；贷款者

2. 产生高经济增长的一个关键因素是_____。
   - (A) 减少对外贸易
   - (B) 运作良好的金融市场
   - (C) 高利率
   - (D) 股票市场的波动

3. 在其他因素不变的情况下，学生贷款利率的提高_____。
   - (A) 会增加大学教育的成本
   - (B) 会降低大学教育的成本
   - (C) 对大学教育的成本没有影响
   - (D) 会增加没有学生贷款的学生的费用

4. 股票价格的变化_____。
   - (A) 不影响人们的财富和他们的消费意愿
   - (B) 影响公司通过出售股票为投资筹措资金的决定
   - (C) 有规律地发生
   - (D) 对决策者来说是不重要的

5. 银行对货币和经济的研究很重要，因为银行_____。
   - (A) 将资金从投资者转移给储蓄者
   - (B) 是金融快速创新的源泉

(C）是美国经济中唯一重要的金融机构

(D）导致通货膨胀

6. 债券市场很重要，因为它_____。

(A）很容易成为美国最广泛关注的金融市场

(B）是决定外汇汇率的市场

(C）是决定利率的市场

(D）是所有借款者获得资金的市场

7. 在股票市场中，较低的股价可能_____消费者的消费意愿，并可能_____企业开展投资项目的意愿。

(A）增加；增加   (B）增加；减少

(C）减少；减少   (D）减少；增加

8. 货币被定义为_____。

(A）汇票

(B）任何被普遍接受用于支付商品或服务，或用于偿还债务的东西

(C）无风险的消费能力的贮藏

(D）政府未被确认的负债

9. 与普通人互动最频繁的金融中介机构是_____。

(A）交易所   (B）场外交易市场

(C）金融公司   (D）银行

10. 美国的经济周期波动表明_____。

(A）货币增长和一般经济活动之间存在负相关关系

(B）衰退之前通常债券价格会下跌

(C）衰退之前通常美元会贬值

(D）衰退之前通常货币增长率会下降

11. 1950~1980年，美国长期国债利率呈上升趋势，同一时期_____。

(A）货币增长率下降

(B）货币增长率上升

(C）政府预算赤字（以国内生产总值的百分比表示）呈下降趋势

(D）总价格水平下降

12. 人们担心预算赤字是因为它可能会_____。

(A）最终导致更高的通货膨胀率

(B）导致利率降低

(C) 导致货币增长速度放缓

(D) 导致债券价格上涨

13. 以下哪个选项最有可能是美元走强导致的？_____。

(A) 美国出口到国外的商品在国外的成本降低，因此外国人会增加商品购买

(B) 美国出口到国外的商品在国外的价格更高，因此外国人会增加商品购买

(C) 美国出口到国外的商品在国外的价格更高，因此外国人会减少商品购买

(D) 美国人将减少购买国外的商品

14. 在其他条件不变的情况下，美元走强有利于_____，不利于_____。

(A) 美国企业；美国消费者　　(B) 美国企业；外国企业

(C) 美国消费者；美国企业　　(D) 外国企业；美国消费者

15. 如果你在 2014 年的名义收入是 50 000 美元，而从 2014 年到 2017 年，物价上涨了 50%。2017 年，为了拥有相同的实际收入，你在 2017 年的名义收入必须是_____。

(A) 50 000 美元　　(B) 75 000 美元

(C) 100 000 美元　　(D) 150 000 美元

思考题

1. 3 个月期的国库券、政府长期债券和 Baa 级公司债券的利率之间存在哪种典型关系？
2. 股价下跌会对企业投资活动产生什么影响？
3. 请解释债券和普通股之间的主要区别。
4. 请解释表现良好的金融市场和经济增长之间的联系。并列举一个金融市场中可能影响经济增长和贫困水平的渠道。
5. 2007 年开始的经济衰退的主要原因是什么？
6. 为什么人们一般不会借钱给他人买房或买车？针对这个问题你如何解释银行存在的必要性？
7. 除了银行，经济中还有哪些金融中介机构发挥着重要作用？
8. 你能确定美国或欧洲最近一次金融危机的发生时间吗？是否有理由认为这些危机之间有关联？为什么？
9. 在过去的几年里，美国的通货膨胀率是上升了还是下降了？利率是上升了还是下降了？
10. 如果历史重演，当你发现货币供应量的增长率下降时，你认为下面的经济指标会发生怎样的变化？

   a. 实际产出。

b. 通货膨胀率。

c. 利率。

11. 当利率下降时，企业和消费者将如何改变自己的经济行为？
12. 当利率上升时，每个人都会遭受损失吗？
13. 为什么金融机构的管理者会关注联邦储备体系的行动？
14. 美国当前的预算赤字规模与1950年以来的预算赤字规模或盈余规模相比有什么不同？
15. 英镑贬值会对英国的消费者产生什么影响？
16. 英镑升值会对美国的企业产生什么影响？
17. 外汇汇率变动会对金融机构的盈利能力产生什么影响？
18. 根据教材中的图1-8，在哪些年份一个美国人会选择去亚利桑那州的科罗拉多大峡谷旅游，而不是去参观英国的伦敦塔？
19. 当美元相对于其他国家的货币更值钱时，你更愿意购买美国制造的牛仔裤还是外国制造的牛仔裤？生产牛仔裤的美国公司会在美元走强时更开心还是在美元走弱时更开心？从事牛仔裤进口业务的美国公司呢？
20. 大部分美国政府债务由外国投资者以美国国债和票据的形式持有。美元汇率波动将对外国投资者持有的债务价值产生什么影响？

应用题

21. 下表列出了2017年5月美元（USD）对英镑（GBP）的外汇汇率。哪一天是将200美元兑换成英镑的最佳时机？哪一天是最差的时机？在这两天兑换的英镑差额是多少？

日期	1英镑兑美元	日期	1英镑兑美元
5月1日	1.291 7	5月16日	1.291 2
5月2日	1.292 1	5月17日	1.294 4
5月3日	1.291 6	5月18日	1.300 9
5月4日	1.291 0	5月19日	1.301 8
5月5日	1.295 0	5月22日	1.300 6
5月8日	1.294 2	5月23日	1.298 4
5月9日	1.293 9	5月24日	1.293 5
5月10日	1.293 9	5月25日	1.295 4
5月11日	1.288 5	5月26日	1.279 5
5月12日	1.288 0	5月30日	1.285 8
5月15日	1.291 7	5月31日	1.290 5

参考答案

选择题

1.C；2.B；3.A；4.B；5.B；6.C；7.B；8.B；9.D；10.D；11.B；12.A；13.C；14.C；15.B

思考题

1. 答：平均来讲，3个月的国库券的利率波动比其他两种债券的利率波动更大，而且利率水平更低，Baa公司债券的利率比其他两种债券的利率更高。

2. 答：一家公司的股票价格越低，说明它能筹集到的资金越少，因此公司的相关投资活动，例如对厂房设备的投资会下降。

3. 答：债券是一种债务工具，其持有者有权在到期日之前定期获得一定数额的资金（由债券的性质预先确定）。普通股则代表持有者在发行该股票的机构中的一份所有权份额。除定义外，持有某公司的债券或股票是不同的。相关法规规定，股票持有者拥有剩余求偿权，即公司必须在完成对所有债券持有者的偿付之后，才能对其股票持有者进行偿付。

4. 答：表现良好的金融市场往往会让资金分配更有效率，从而实现最佳的投资机会。资金分配的优化会导致经济效率提高，从而刺激经济增长，降低贫困水平。

5. 答：美国经济受到自大萧条以来最严重的金融危机的冲击。次级住房抵押贷款的违约导致金融机构遭受重大损失，造成了许多银行倒闭，尤其是导致了美国最大的两家投资银行破产。这些因素综合在一起引发了2007年底开始的金融危机（"大衰退"）。

6. 答：一般来说，由于信息问题，人们不会把一大笔钱借给别人，特别是在不知道对方是否有能力偿还债务，也不知道对方将为偿还债务做出多大努力的时候。但是金融中介机构，尤其是商业银行倾向于通过获取潜在借款人的信息、制定并执行鼓励贷款人偿还债务的规则，或要求贷款人提供能够保值的抵押品合同来解决这些问题。

7. 答：储蓄和贷款协会、互助储蓄银行、信用合作社、保险公司、共同基金公司、养老基金公司和金融控股公司。

8. 答：美国和欧洲的最新金融危机发生在2007～2009年。起初，它主要冲击的是美国的金融体系，但危机随后迅速转移到欧洲，因为美国和欧洲的金融市场是高度相关的。这些市场相互关联的一个具体方式是，欧洲的一些金融中介机构持有美国的抵押贷款支持证券，当这些证券失去大部分价值时，欧洲金融中介机构的资产负债表也受到了不利影响。

9. 答：2014~2017年中期，通货膨胀率一直处于较低水平，但最近增加到接近2%的水平；利率在一个狭窄的范围内波动，作为基准的10年期美国国债利率从2.5%左右的高点下降到1.5%左右，之后有所回升。

10. 答：实际产出、通货膨胀率和利率都会下降。

11. 答：企业会增加投资，因为此时融资成本下降。消费者将更可能购房或买车，因为此时购买这些商品的融资成本较低。

12. 答：不是。虽然借钱买房或买车的人由于借款成本更高导致经济状况变差，但是储蓄者却因为更高的利率而受益。

13. 答：因为美联储会影响利率、通货膨胀和经济周期，这些都对金融机构的盈利能力有重要影响。

14. 答：2007年，赤字占GDP的比例急剧扩大，但从2010年开始有所改善。2009年，赤字占GDP的比例为9.8%，2016年为3.2%，但仍高于1950年以来2%左右的历史平均值。

15. 答：英镑贬值使外国商品相比英国国内商品更加昂贵，所以英国消费者会减少购买外国商品，而购买更多的国内商品。

16. 答：英镑升值使英国商品相对于美国商品更加昂贵。因此，美国企业会发现在美国和国外销售它们的商品更容易，市场对它们产品的需求也会增加。

17. 答：汇率变动会改变金融机构所持有资产的价值，从而导致资产产生收益或损失。而且，汇率变动也会影响金融机构中从事外汇工作的交易员的利润。

18. 答：在20世纪70年代中后期、20世纪80年代末至20世纪90年代初，以及2008年至2015年，美元币值较低，美国人出国旅游的费用相对较高，因此这是去美国科罗拉多大峡谷度假的好时机。随着20世纪80年代初、20世纪90年代末、21世纪初和2015年后美元的升值，美国人出国旅游的费用变得相对较低，因此这是参观英国伦敦塔的好时机。

19. 答：当美元升值时，外国商品相对于美国商品来说更便宜，人们更愿意购买外国制造的牛仔裤。由于美元走强，人们对美国生产的牛仔裤的需求下降，这会损害美国牛仔裤制造商的利益。另一方面，向美国进口外国牛仔裤的美国公司发现人们对其产品需求上升，因此在美元走强时，这些进口外国牛仔裤的美国公司的情况会更好。

20. 答：随着美元相对于外国货币更值钱，一美元可以兑换更多的外币。因此，对于一定面值的美国债券，美元走强会给外国人带来更多的本国货币，所以该资产对外国投资者来说会更有价值。反之，美元走弱将导致外国投资者持有的美国债券的价值下降。

应用题

21. 答：最好的兑换时机是 5 月 26 日，按 1 英镑兑换 1.279 5 美元的汇率计算，将获得 156.31 英镑。最差的兑换时机是 5 月 19 日，按 1 英镑兑换 1.301 8 美元的汇率计算，将获得 153.63 英镑，两者相差 2.68 英镑。

第 2 章

金融体系概览

选择题

1. 金融市场提高了经济福利，因为_____。
   (A) 它将资金从投资者输送给储蓄者
   (B) 它能够让消费者更好地选择购买时机
   (C) 它淘汰了效率低下的公司
   (D) 它消除了对间接融资的需求

2. 你可以借 5 000 美元来投资一个新的企业，该企业将产生 251 美元的年收入。在能够增加你的收入的情况下，你能接受的最高的借款利率为_____。
   (A) 25%   (B) 12.5%
   (C) 10%   (D) 5%

3. 以下哪个选项涉及直接融资？_____。
   (A) 一家公司发行新股
   (B) 人们购买共同基金公司的股票
   (C) 一个养老基金经理在二级市场上购买短期公司证券
   (D) 一家保险公司在场外市场购买普通股

4. 以下哪个选项涉及间接融资？_____。
   (A) 你向你的邻居提供了一笔贷款
   (B) 一家公司在一级市场上购买了另一家公司发行的普通股

（C）你在 TreasuryDirect.gov 网站上购买美国国债

（D）你在银行存款

5. 对购买者来说，证券是_____，对发行的个人或公司来说，证券是_____。

（A）资产；负债 （B）负债；资产

（C）可转让的；不可转让的 （D）不可转让的；可转让的

6. 以下关于金融市场和证券的选项哪个是正确的？

（A）债券是一种长期证券，它承诺定期向公司具有剩余求偿权的人支付股息

（B）期限小于一年的债券是短期债券

（C）期限为十年或者更长的债券是中期债券

（D）债券的期限是距离该债券到期日的年限

7. 一个可以转售之前发行证券的金融市场被称为_____。

（A）一级市场 （B）二级市场

（C）三级市场 （D）二手证券

8. 流动资产是指_____。

（A）很容易快速出售以筹集现金的资产

（B）一个海洋度假村的股份

（C）难以转售的资产

（D）需要在场外市场上出售的资产

9. 一个只有短期债务工具交易的金融市场被称为_____。

（A）债券市场 （B）货币市场

（C）资本市场 （D）股票市场

10. 商业银行短期资金的一个重要来源是_____，它可以在二级市场上转售。

（A）可转让存单 （B）商业票据

（C）抵押贷款支持证券 （D）市政债券

11. 以下哪个选项不能在资本市场上交易？_____。

（A）美国政府机构证券 （B）州和地方政府债券

（C）回购协议 （D）公司债券

12. 在国外出售的，不以发行国的货币计价的债券称为_____。

（A）外国债券 （B）欧洲债券

（C）股权债券 （D）国家债券

13. 在美国以外的银行或美国银行的外国分行的美元存款被称为_____。

（A）大西洋美元 （B）欧洲美元

(C) 国外美元　　　　　　　　　(D) 外来美元

14. 规模经济能够让金融机构_____。

(A) 减少交易成本　　　　　　　(B) 避免信息不对称的问题

(C) 避免逆向选择的问题　　　　(D) 减少道德风险

15. 金融中介机构创造并出售低风险资产，并使用所得收益购买较高风险资产的过程被称为_____。

(A) 风险分担　　　　　　　　　(B) 风险厌恶

(C) 风险中立　　　　　　　　　(D) 风险出售

思考题

1. 如果我今天购买一辆价值 5 000 美元的汽车，它可以让我找到一份类似旅行产品推销员的工作，所以在明年将为我带来 10 000 美元的额外收入。如果没有人愿意给我贷款，我是否应该以 90% 的利率向放高利贷的拉里筹借这笔款项呢？借入这笔高利贷会提高还是降低我的经济福利水平呢？你能举例为高利贷的合法化说明理由吗？

2. 一些经济学家认为，造成发展中国家经济增长缓慢的原因之一是这些国家缺少发达的金融市场。你同意这种观点吗？

3. 请至少举出三个例子，说明金融市场能让消费者更好地选择购买时机。

   金融市场让消费者更好地选择购买时机的例子包括：

   a. 购买耐用品，如汽车或家具。

   b. 支付学费。

   c. 支付被水淹没的地下室的维修费用等。

4. 如果你担心一家公司明年可能破产，你更愿意持有这家公司发行的债券还是股票？为什么？

5. 假设丰田公司在东京出售以日元计价的债券。这种债务工具是一种欧洲债券吗？如果该债券在纽约出售，你的答案是什么呢？

6. 请描述下列货币市场工具的发行方。

   a. 国库券。

   b. 存单。

   c. 商业票据。

   d. 回购协议。

   e. 联邦基金。

7. 抵押贷款和抵押贷款支持证券之间的区别是什么？
8. 19世纪，美国从英国借入大量资金来建设铁路系统。这笔交易能否改善两个国家的福利水平？
9. 很多欧洲银行持有大量由美国住房市场衍生而来的抵押贷款支持证券，这些证券价格在2006年后暴跌。如何用这个例子论述金融市场国际化的利弊？
10. 风险分担如何使金融中介机构和个人投资者都受益？
11. 请使用逆向选择来解释你为什么更有可能借款给你的家人而不是陌生人？
12. 导致2007~2009年金融危机的一个原因是次级抵押贷款的广泛发行。如何用这个例子解释逆向选择？
13. 相比于其他放款人，为什么放高利贷的人对道德风险的担忧更少？
14. 如果你是雇主，你会担心你的雇员出现什么样的道德风险？
15. 如果借款人和贷款人不存在信息不对称，还会存在道德风险吗？
16. "在一个没有信息成本和交易成本的世界里，金融中介机构将不会存在。"这一判断是正确的、错误的还是不确定的？请解释你的答案。
17. 为什么你更愿意把资金以5%的利率存入银行储蓄账户，让银行以10%的利率把资金借给你的邻居，而不是自己直接把资金借给你的邻居呢？
18. 利益冲突是如何使信息不对称问题变得更严重的？
19. 由同一家金融公司提供几种类型的金融服务为什么既有利又有弊？
20. 如果你要贷款购买一辆新车，你会使用哪种金融中介机构：信用社、养老基金公司还是投资银行？
21. 为什么人寿保险公司会关注大公司的财务稳定性和房地产市场的健康状况？
22. 2008年，随着美国金融危机的开始，美国联邦存款保险公司将银行储户的存款保险限额从每个账户10万美元提高到每个账户25万美元。这种措施对稳定金融系统有什么帮助？
23. 工业化国家的金融监管是类似的，但不完全相同。请讨论为什么在工业化国家中实行相同的金融监管是可取的，或者是不可取的。

应用题

24. 假设你刚继承了10 000美元且正在考虑实现投资收益最大化。你有以下几个投资方案可以选择：

   选项1：把钱存在收益率为2%的计息支票账户中。一旦银行倒闭，联邦存款保险公司将为该账户提供保险。

选项2：将钱投资于承诺收益率为5%的公司债券中，但发行公司债券的公司有10%的概率会破产。

选项3：把钱以8%的约定利率借给你朋友的室友迈克，尽管你认为迈克有7%的概率会在不还钱情况下离开你所在的小镇。

选项4：以现金形式持有这笔钱，收益为0。

a. 如果你是风险中性的人（既不偏好风险也不回避风险），你会从四个选项中选择哪一个来最大化你的预期收益呢？（提示：使用一个事件发生的概率乘该事件的结果得到事件的预期收益）。

b. 假设选项3和选项4是你唯一的选择。如果你支付给你的朋友100美元能够从他口中得知关于迈克的额外信息，以便确定迈克是否会不还钱就离开你所在的小镇，你会支付这100美元吗？你如何理解关于风险更优信息的价值？

参考答案

选择题

1.B；2.D；3.A；4.D；5.A；6.D；7.B；8.A；9.B；10.A；11.C；12.B；13.B；14.A；15.A

思考题

1. 答：我应该贷款。因为这样我的经济福利水平会提高。我需要支付的利息是4 500美元（5 000×90% = 4 500美元），但我将多赚10 000美元，所以我可以获得5 500美元的盈余。由于拉里的高利贷业务可以改善部分人的生活水平，就像本题中，高利贷可能存在社会效益。然而，反对高利贷合法化的一个重要的理由是，放高利贷常常是一种附带着暴力行为的活动。

2. 答：同意。因为缺乏成熟的金融市场意味着资金不能流向最有效利用资金者，从而导致部分企业家无法获得资金来创办有助于经济快速增长的企业。

3. 答：在这三个情况中，消费者都不需要攒钱就能够支付这些商品或服务（例如教育或修复被水淹没的地下室）。

4. 答：更愿意持有债券，因为债券持有者会比股票持有者优先得到偿付，股票持有者拥有剩余求偿权。

5. 答：以日元计价的债券在东京出售，该债券不能看作欧洲债券。如果该债券在纽约出售，则它可看作欧洲债券。

6. 答：国库券是美国政府发行的短期债务工具，用于支付即时支出义务，即为赤字融资。存单由银行发行并出售给储户。商业票据由公司或大型银行发行，发行商业票据是一种债务市场上的短期融资方法。回购协议主要由银行发行，通过以国库券为抵押品向企业和其他银行贷款来获得资金，并明确约定在不久的将来偿还债务，回购国库券。联邦基金是一家银行对另一家银行发放的隔夜贷款。

7. 答：抵押贷款是向家庭或公司提供的贷款，用于购买住房、土地或其他实际建筑商品，其中建筑商品或土地本身作为贷款的抵押品。抵押贷款支持证券是一种类似债券的债务工具，由一篮子个人抵押贷款构成，其利息和本金集中支付给证券持有者。换句话说，当个人办理抵押贷款时，该贷款与其他个人抵押贷款捆绑在一起，形成一种复合债务工具后出售给投资者。

8. 答：英国的福利水平提高了，因为它通过贷款给美国赚取了更多的利息；美国的福利水平也提高了，因为美国人获得资金后创办了利润丰厚的企业，如铁路公司等。

9. 答：抵押贷款支持证券的国际贸易通常是有益的，因为持有抵押贷款的欧洲银行可以从这些资产中获得收益，同时向美国金融市场提供美国借款人所需的借款去支持新房建设和其他生产性用途。这样来看，欧洲银行和美国借款人都能够受益。然而，随着美国住房价格的急剧下滑，抵押贷款的违约率攀升，欧洲银行持有的抵押贷款支持证券的价值急剧下跌。尽管金融危机起初表现为美国房地产市场低迷，但它严重影响了欧洲市场。如果没有金融市场国际化，欧洲银行受到的影响会小得多。

10. 答：金融中介机构能够以相对较低的交易成本承担风险。由于风险较高的资产平均收益较高，金融中介机构通过风险资产的多元化投资组合来赚取利润。个人投资者可以从金融中介机构发行的风险较低的资产组合中受益。也就是说，金融中介机构通过汇集资产来降低个人投资者的风险。

11. 答：相比于陌生人，你更了解家人的诚实度、风险承担倾向和其他特征，因此把钱借给家人可能导致的信息不对称问题较少，出现逆向选择的概率也较小，所以你更有可能把钱借给自己的家人。

12. 答：次级抵押贷款的发行代表贷款人将钱贷给那些信用风险最高、净财富和其他金融资源最少的潜在住房群体。换句话说，对贷款人来说，最需要抵押贷款的借款群体是风险最高的，这是一个完美的逆向选择的例子。

13. 答：如果借款人从事不利于自己偿还贷款的活动，放高利贷的人可以采取人身伤害等方式威胁他们。因此，高利贷的借款人不太可能对放高利贷的人增加道德风险。

14. 答：你的雇员可能会在你不注意的时候不努力工作，或者进行偷窃或欺诈。

15. 答：存在道德风险。即使你知道借款人的行为可能会导致他们无法偿还贷款，你需要阻止他们这么做，但由于这样做的成本很高，你可能不会花时间精力去减少道德风险，所以道德风险仍然存在。

16. 答：这个判断正确。如果没有信息成本或交易成本，人们可以无偿向对方提供贷款，因此不需要金融中介机构。

17. 答：因为借款给自己的邻居成本很高（法律费用、信用检测费用等），即使有10%的利率，在扣除费用后可能无法得到5%的收益率。将资金存入金融中介机构，除了能赚取5%的利率所产生的利息外，你还会承担更少的风险，因此最好将资金存入银行。

18. 答：潜在的利益冲突可能导致个人或公司隐藏信息或传播误导性信息。金融市场上信息质量的大幅下降会增加信息不对称问题，并阻止金融市场完成资金和投资机会的有效配置，从而导致金融市场和实体经济的效率下降。换句话说，利益冲突导致的虚假信息比单纯的信息不对称更容易导致资本的低效配置。

19. 答：提供多种金融服务的金融公司可以通过规模经济提高效率，降低信息的生产成本。但是由于利益冲突，金融公司也可能为了保护自身利益而提供虚假或有误导性的信息，这可能导致信息不对称的增加，降低金融市场的效率。

20. 答：如果你是信用社的会员，你可能会使用信用社，因为信用社的主要业务是消费贷款。在某些情况下，你也有可能直接向养老基金公司借款，但这可能伴随着高额的借款成本和税收问题。但你不会选择投资银行，因为投资银行不向普通民众提供贷款。

21. 答：大多数人寿保险公司会持有大量公司债券和抵押贷款资产，因此，企业的财务状况不稳定或房地产市场低迷会对保险公司持有资产的价值产生显著的负面影响。

22. 答：在金融危机期间，储户害怕银行会倒闭，尤其是存款账户超过10万美元的储户，他们会从银行取钱，监管者担心挤兑的情况下现金匮乏的银行会更缺少现金来满足客户需求和日常运营。这可能会造成一种传染性的银行恐慌，导致原本健康经营的银行倒闭。提高保险上限可以让储户相信他们存在银行的钱是安全的，有助于防止银行恐慌，稳定金融系统。

23. 答：这个话题没有明确的答案。一方面，在所有国家实行相同的金融监管是有益的，这样可以避免金融市场参与者将业务转移到监管更少的国家。另一方面，所有国家是不同的，大多数国家希望至少保留一部分本国的法规，这使得国家间很难达成共识，因此设计一套通用的金融法规似乎难以完成。

应用题

24. 答：a. 选项1，由于存款保险的存在，所以可以认为这是一项无风险的投资。因此，预期总回报将是 10 000 × 1.02 = 10 200 美元。

选项2，5%的债券收益率说明潜在收益是 10 000 × 1.05 = 10 500 美元，这个结果发生的概率是 90%，因此预期收益是 10 500 × 0.9 = 9 450 美元。

选项3同理，预期回报为 10 000 × 1.08 × 0.93 = 10 044 美元。

选项4是无风险的，所以预期回报是 10 000 美元。

考虑到风险中性假设，选项1是最好的投资方案。

b. 选项3意味着，如果迈克离开你所在的小镇，你将会什么都得不到（收益为0），如果迈克按照承诺付款，你将会得到 10 800 美元。如果你借钱给迈克，你的预期收益是 10 044 美元，由 a 计算而得。如果你支付给你的朋友 100 美元后得知迈克将不付钱就离开小镇，显然你不会借钱给他，你会剩下 9 900 美元。但是，如果你得知迈克会付款，你就会有 10 700 美元（= 10 000 × 1.08 − 100）收益。在付钱给你的朋友后，但在知道真正的结果之前，你的预期收益将是 9 900 × 0.07 + 10 700 × 0.93 = 10 644 美元。在选项3下，向你的朋友支付 100 美元是值得的，因为可以增加预期收益，此外还大幅降低了你拥有不良借款的风险，增加了收益的确定性。也就是说，在信息不对称的情况下，你的收益范围是 0～10 800 美元，信息对称的情况下是 9 900～10 700 美元。因此，在选项3下，支付少量的钱来提升风险评估水平可能是有益的，这是金融中介机构的一项业务。选项4是无风险的，所以预期收益是 10 000 美元。如果你是厌恶风险的，选项4更好；如果你是风险中性的，选项3更好，因为向你的朋友支付 100 美元可以获得 9 900～10 700 美元的收益。

第 3 章

什么是货币

选择题

1. 通货包括_____。
   - (A) 纸币和硬币
   - (B) 纸币、硬币和支票
   - (C) 纸币和支票
   - (D) 纸币、硬币、支票和储蓄存款

2. 即便经济学家也没有形成对货币的精确定义，这是因为_____。
   - (A) 货币供应量的统计数据是国家机密
   - (B) 美联储没有采用或报告货币供应量的不同测量方法
   - (C) 资产的"货币性"或流动性是一个程度问题
   - (D) 经济学家认为，分歧是有趣的，且各国经济学家由于意识形态的原因拒绝达成一致。

3. _____是用来进行购买商品或服务的，而_____是用于储存价值的财产的集合。
   - (A) 货币；收入
   - (B) 财富；收入
   - (C) 收入；金钱
   - (D) 货币；财富

4. 一个人的年薪是他的_____。
   - (A) 货币
   - (B) 收入
   - (C) 财富
   - (D) 负债

5. 以下哪个选项是正确的?_____。

(A) 货币和收入是流量 (B) 货币是流量
(C) 收入是流量 (D) 金钱和收入是存量

6. 货币_____了交易成本，使人们能够专门从事他们最擅长的工作。
(A) 降低 (B) 增加
(C) 不影响 (D) 消除

7. 以下哪一项不是一种商品作为货币的必要条件？_____。
(A) 它必须迅速贬值 (B) 它必须是可分的
(C) 它必须易于携带 (D) 它必须被广泛接受

8. 在易货贸易经济中，有 N 种商品的经济体需要的价格数量是_____。
(A) $[N(N-1)]/2$ (B) $N(N/2)$
(C) $2N$ (D) $N(N/2)-1$

9. 将资产按照流动性从强到弱排列，正确的顺序是_____。
(A) 储蓄债券；住宅；货币 (B) 货币；储蓄债券；住宅
(C) 货币；住宅；储蓄债券 (D) 住宅；储蓄债券；货币

10. 价格水平下降_____。
(A) 不影响货币的价值 (B) 对货币的价值有不确定的影响
(C) 会增加货币的价值 (D) 会降低货币的价值

11. 以下哪个选项准确地描述了支付方式的演变？_____。
(A) 易货贸易、贵金属铸币、纸币、支票、电子资金转账
(B) 易货贸易、贵金属铸币、支票、纸币、电子资金转账
(C) 易货贸易、支票、纸币、贵金属铸币、电子资金转账
(D) 易货贸易、支票、纸币、电子资金转账

12. 比特币不能满足货币的哪个职能？_____。
(A) 记账单位和价值储存 (B) 交易媒介和记账单位
(C) 交易媒介和价值储存 (D) 比特币满足了货币的所有职能

13. _____是美联储规定的最狭义的货币总量。
(A) M0 (B) M1
(C) M2 (D) M3

14. 如果一个人把钱从小额定期存款转到活期存款账户，则_____。
(A) M1 增加，M2 保持不变 (B) M1 保持不变，M2 增加
(C) M1 保持不变，M2 保持不变 (D) M1 增加，M2 减少

15. 以下哪个选项包括在 M2 中，但不包括在 M1 中？_____。

（A）NOW 账户　　　　　　　　（B）活期存款
（C）货币　　　　　　　　　　　（D）个人投资者的货币市场共同基金份额

思考题

1. 对于测算货币总量，为什么说仅仅计算通货的数量是不充分的？
2. 在监狱里，服刑者有时将香烟用作支付工具。即使有的服刑者不吸烟，为什么香烟也可以使供需并不匹配的双方进行交易？
3. 在一个经济体中，有三个人分别生产了三种商品（见下表）。

商品	生产者
苹果	苹果园主
香蕉	香蕉种植者
巧克力	巧克力生产商

如果苹果园主只喜欢香蕉，香蕉种植者只喜欢巧克力，巧克力生产商只喜欢苹果，那么他们三个人在易货经济中会发生交易活动吗？如果将货币引入这个经济体，这三个人会因此受益吗？

4. 为什么穴居的原始人不需要货币？
5. 在大多数情况下，将货币的三种职能相互孤立是很困难的。货币每时每刻都在执行着它的三种职能，但有时我们只强调其中一种职能。请区分以下各种情形中我们分别强调货币的哪种职能。

　　a. 布鲁克每天在其办公室里工作以换取工资，因为她知道她可以用这些钱来购买商品或服务。

　　b. 蒂姆想计算橘子和苹果的相对价值，所以查阅了这两种商品的单价。

　　c. 玛丽亚最近怀孕了。她预期自己未来的消费将会增加并决定增加其储蓄账户余额。

6. 1994 年以前，巴西处于高通货膨胀时期，许多交易使用美元，而不是使用本国货币雷亚尔，请解释原因。
7. 20 世纪 50 年代的美元是否比 20 世纪 70 年代的美元更适合作为价值储藏的工具？为什么？你更愿意在其中哪一个时期持有货币？
8. 为什么有些经济学家将恶性通货膨胀期间的货币比作"烫手的山芋"？为什么人们都急于脱手而不愿意持有货币？
9. 为什么 19 世纪的美国人有时更愿意接受支票而不是黄金作为支付工具，尽管他们知道支票有时会遭到拒付？
10. 在古希腊，为什么黄金比葡萄酒更适合作为货币？

11. 假如你使用像 PayPal 这样的在线支付系统网购商品或服务，这会对 M1 货币供应量和 M2 货币供应量中的哪个（或者全部）产生影响？为什么？

12. 请将下列资产按流动性由高至低排列：

   a. 支票账户存款。

   b. 住宅。

   c. 通货。

   d. 汽车。

   e. 储蓄存款。

   f. 普通股。

13. 联邦储备体系使用的货币总量计量指标 M1 或者 M2 中，哪一个由流动性更强的资产组成？哪一个资产规模更大？

14. 一家企业张贴出"不接受个人支票"的标语是很常见的，基于这种现象请论述个人支票相对于货币的流动性。

15. 下列资产分别包含在哪一种货币总量计量指标（M1 或者 M2）中：

   a. 通货

   b. 货币市场共同基金

   c. 小额定期存款

   d. 可开具支票的存款

16. 如果你想通过支票账户的闲置余额获取一些收益，并决定签发支票来购买货币市场的共同基金份额，在其他条件不变的情况下，请论述你的行为对 M1 和 M2 有什么影响。

17. 2009 年 4 月，M1 的增长率下降到 6.1%，而 M2 的增长率上升到 10.3%。2013 年 9 月，M1 同比增长 6.5%，而 M2 的增长率约为 8.3%。美联储的货币政策制定者应当怎样解释 M1 和 M2 增长率的变化？

18. 如果一位研究者发现，作为预测通货膨胀和经济周期的指标，过去 20 年美国的债务总额比 M1 或者 M2 更为有效。这一发现是否说明我们应该使用经济体中的债务总额作为货币的定义？

应用题

19. 下表给出了不同形式货币虚构的数值，单位是 "10 亿美元"。

   a. 用下表计算每年的 M1 和 M2，以及与前一年相比 M1 和 M2 的增长率。

   b. 请解释为何 M1 和 M2 的增长率是不同的，相关信息如下表所示。

	2018 年	2019 年	2020 年	2021 年
A. 通货	900	920	925	931
B. 货币市场共同基金	680	681	679	688
C. 储蓄账户余额	5 500	5 780	5 968	6 105
D. 货币市场账户余额	1 214	1 245	1 274	1 329
E. 活期和支票存款账户	1 000	972	980	993
F. 小额定期存款	830	861	1 123	1 566
G. 旅行支票	4	4	3	2
H. 3 个月期国库券	1 986	2 374	2 436	2 502

参考答案

选择题

1.A；2.C；3.D；4.B；5.C；6.A；7.A；8.A；9.B；10.C；11.A；12.A；13.B；14.A；15.D

思考题

1. 答：因为很多其他资产具有与通货类似的流动性，也可以作为通货来购买商品或服务，如果不计算这些资产就会低估经济体为交易目的创造的流动性。因此，计算支票存款或储蓄账户等资产更能准确地反映货币资产存量。

2. 答：即使有的服刑者不吸烟，但是他知道监狱里其他人会接受香烟作为支付工具，他们自己也会愿意接受香烟作为支付工具。因此，与其说服刑者不得不进行"物物"交换，不如说香烟满足了"需求的双重匹配"，因为交易双方都随时准备用香烟来"购买"其他商品或服务。

3. 答：因为苹果园主只喜欢香蕉，而香蕉种植者不喜欢苹果，所以香蕉种植者不希望用苹果来交换自己的香蕉，他们不会进行交易。同理，巧克力生产商也不愿意与香蕉种植者交易，因为他不喜欢香蕉。苹果园主也不会与巧克力生产商交易，因为他不喜欢巧克力。因此，在易货经济中，这三个人之间的贸易可能不会发生，因为在任何情况下都不存在"需求的双重匹配"。但是如果在经济中引入货币，苹果园主可以把苹果卖给巧克力生产商，然后用这笔钱从香蕉种植者那里购买香蕉。同理，香蕉种植者可以向苹果园主出售香蕉后向巧克力生产商购买巧克力，巧克力生产商可以用钱向苹果园主购买苹果。这么做的结果是消除了"需求的双重匹配",每个人都能得到他们最喜欢的东西,所以境况都会变好。

4. 答:因为在原始人的原始经济中,原始人并不专门生产一种商品,所以不需要与其他原始人进行交易。

5. 答:a. 这种情况说明了货币的交换媒介职能。我们往往不会去想为什么我们接受金钱作为工作时间的报酬,因为我们已经习惯使用金钱。货币的交换媒介职能是指货币在社会中促进交易的能力(接受金钱作为工作的报酬,然后用金钱换取其他商品或服务)。

b. 这种情况下,货币在发挥其记账单位的职能。如果现代社会不使用货币作为记账单位,那么苹果的价格就必须以市场上所有其他物品为单位报价。这会成为一项不可能完成的任务,例如,假设 1 磅⊖苹果相当于 0.80 磅橙子、半加仑牛奶、1/3 磅肉、2 个剃刀片、1.5 磅土豆等。

c. 玛丽亚正在考虑货币的价值储藏职能。M1 或 M2 是货币作为交换媒介和记账单位的重要形式。然而,就价值储藏职能而言,许多资产可以比支票账户更好地贮藏价值。玛丽亚选择通过增加她的储蓄账户余额来维持她的购买力,这在一小段时间内是没有问题的。然而,在 20 年期限里,她可能会选择购买 20 年后到期的美国国债,这跟很多老人支付他们孙子教育支出是一样的。

6. 答:因为巴西高水平的通货膨胀,本国货币雷亚尔的价值储藏职能发挥的效果很差。因此许多人倾向于持有价值储藏能力更好的美元,并在日常购物中使用美元。

7. 答:因为 20 世纪 50 年代的货币贬值速度比 20 世纪 70 年代慢(通货膨胀率更低),所以那时的货币是更好的价值储藏工具,在 20 世纪 50 年代你会更愿意持有货币。

8. 答:在恶性通货膨胀中,货币以极快的速度贬值,所以人们认为持有货币的时间越短越好。因此货币就像一个"烫手的山芋",会迅速从一个人传给另一个人。

9. 答:因为支票比黄金更容易运输,交易成本更低,所以人们更愿意接受支票,即使支票有可能被拒付。

10. 答:葡萄酒比黄金难运输,也更容易变质。因此,黄金比葡萄酒拥有更好的价值储藏能力,也能降低交易成本。因此,黄金更适合作为货币。

11. 答:都不影响。尽管 PayPal 和许多其他电子货币系统和其他货币形式一样,都为商品或服务的购买提供便利,但它并不计入 M1 货币供应量或 M2 货币供应量。因为 PayPal 和类似的在线支付系统通常是基于信用的,这就要求人们在未来某天

⊖ 1 磅=0.453 6 千克

支付今天使用的资金；而这些发生在未来的付款必须使用系统中真实存在的货币，如通货或银行存款账户中的资金。所以，M1 货币供应量和 M2 货币供应量理论上将保持不变，但一旦使用信用交易结算，货币将从你的支票账户转移到第三方。

12. 答：流动性从高到低排列依次为 c、a、e、f、d、b。

13. 答：M1 包含的资产流动性更强，M2 衡量的资产规模更大。

14. 答：衡量资产的流动性需要考虑将该资产转换成货币的难易程度和所花的时间（即交易成本）。根据定义，通货是最具流动性的货币类型。一张代表支票账户余额的支票是一种流动性很强的货币类型。毕竟，使用支票支付商品或服务只需要填写日期、金额并在支票上签字。然而本题中的企业拒绝接受支票作为支付工具，因为这可能导致企业寻找银行或自动取款机时产生巨大的交易成本。（但商家不能拒绝接受美元，因为美元在美国是法定货币。）这个例子说明：即使在同一货币总量中，不同类型的货币也具有不同的流动性。

15. 答：a. M1 和 M2

    b. M2

    c. M2

    d. M1 和 M2

16. 答：你的行为将减少你的支票账户余额，增加你持有的货币市场共同基金份额。只考虑这次交易，M1 将减少，M2 将保持不变。因为 M2 是由 M1 总量和其他流动性相对较差的货币类型构成的，这些货币不能被视为 M1 的一部分，其中包括货币市场共同基金份额。支票账户余额的减少被货币市场共同基金份额的增加所抵消，因此 M2 保持不变。

17. 答：在上述期间，M1 的增长率上升 0.4%，而 M2 的增长率下降 2.0%。由于 M1 和 M2 增长率的变化方向相反，仅从货币供应量的衡量标准很难判断货币政策是否合适，因为 M1 表现为扩张性货币政策，M2 则表现为紧缩性货币政策。

18. 答：不一定。尽管债务总额比 M1 或 M2 更好地预测了通货膨胀和经济周期，但它在未来可能并不是一个很好的预测指标。如果没有理论支持债务总额在未来将继续很好地预测通货膨胀和经济周期，人们将不会把货币定义为债务总额。

应用题

19. 答：a. 答案如下表所示。

	2018 年	2019 年	2020 年	2021 年
A. 通货	900	920	925	931
B. 货币市场共同基金	680	681	679	688
C. 储蓄账户余额	5 500	5 780	5 968	6 105
D. 货币市场账户余额	1 214	1 245	1 274	1 329
E. 活期和支票存款账户	1 000	972	980	993
F. 小额定期存款	830	861	1 123	1 566
G. 旅行支票	4	4	3	2
H. 3 个月期国库券	1 986	2 374	2 436	2 502
M1 货币供应量	1904	1896	1908	1926
M2 货币供应量	10 128	10 463	10 952	11 614
M1 增长率（%）		−0.4	0.6	0.9
M2 增长率（%）		3.3	4.7	6

b. M1 货币供应量是每年 A 行、E 行和 G 行之和，M2 货币供应量是每年 A 行到 G 行的总和。其中，尽管 3 个月期的国库券流动性很好，但它不被认为是 M1 货币供应量或 M2 货币供应量的一部分。a 问的表格列示了 M1 和 M2 的货币供应量，以及相比前一年的增长率。尽管 M1 货币供应量的增长率相对保持平缓（在 2019 年 M1 增长率略低于零），但 M2 货币供应量的增长率要高得多，这是因为 M2 货币供应量的组成部分比 M1 货币供应量的组成部分（M1 包含在 M2 中）上升得更快，特别是小额定期存款从 2019 年到 2020 年增加 30%，从 2020 年到 2021 年增加 39%，是 M2 增长的主要原因。此外，M1 货币供应量在 M2 货币供应量中的占比不到 20%（1904/10128），因此，货币市场、储蓄账户和定期存款措施的变化对 M2 增长的影响将比对 M1 的影响大得多。

第4章

理解利率

选择题

1. _____是基于一个常识性的概念，即在未来付给你的 1 美元对你来说不如今天的 1 美元有价值。
   (A) 现值
   (B) 终值
   (C) 利息
   (D) 通货紧缩

2. 随着利率上升，预期未来付款的现值将如何变化？_____。
   (A) 减少
   (B) 增加
   (C) 保持不变
   (D) 不受影响

3. 承诺未来款项期限的增加将使这笔款项的现值如何变化？_____。
   (A) 减少
   (B) 增加
   (C) 保持不变
   (D) 不受影响

4. 在利率为 6% 的情况下，明年收到的 100 美元的现值约为_____。
   (A) 106 美元
   (B) 100 美元
   (C) 94 美元
   (D) 92 美元

5. 支付给所有者的款项加上证券价值的变化，以证券购买价格的一部分表示，是指_____。
   (A) 到期收益率
   (B) 当期收益率
   (C) 收益率（rate of return）
   (D) 收益率（yield rate）

6. 关于票面利率和收益率（rate of return）之间的区别，以下哪一项是正确的？_____。

(A) 债券的收益率不一定等于该债券的票面利率

(B) 收益率可以表示为当前收益率和资本收益率之间的差额

(C) 当债券价格在持有期内下跌时，收益率将大于票面利率

(D) 收益率可以表示为折现率和资本收益率之和

7. 当前收益率与资本收益率之和称为_____。

(A) 收益率（rate of return） (B) 折现收益率

(C) 永久收益率 (D) 面值

8. 最初售价为1 000美元，第二年以1 200美元出售的票面利率为5%的债券收益率是多少？_____。

(A) 5% (B) 10%

(C) 5% (D) 25%

9. _____利率根据价格水平的预期变化进行调整。

(A) 事前实际 (B) 事后实际

(C) 事后名义 (D) 事前名义

10. _____利率更准确地反映了借款的真实成本。

(A) 名义 (B) 实际

(C) 折现 (D) 市场

11. 名义利率减去预期通货膨胀率_____。

(A) 定义了实际利率

(B) 是比名义利率更不准确的衡量借贷动机的指标

(C) 是比名义利率更不准确的衡量信贷市场状况的指标

(D) 定义了折现率

12. 当_____利率较低时，人们更愿意_____，更不愿意_____。

(A) 名义；借出；借入 (B) 实际；借出；借入

(C) 实际；借入；借出 (D) 市场；借出；借入

思考题

1. 对你而言，在当期利率是10%或者20%的时候，1美元在明天的价值会更高吗？

2. 解释一下，在今天收到5 000美元或1年后收到5 500美元中做决定时，你需要考虑哪些信息。

3. 为了支付大学学费，你借入一笔1 000美元的政府贷款，这笔贷款需要你在未来25

年中每年支付 126 美元，然而你不需要现在就开始偿还贷款，你可以从现在开始的两年后，即你大学毕业的时候再进行支付。通常，每年固定支付 126 美元，本金为 1 000 美元的 25 年期贷款的到期收益率是 12%，但是上述政府贷款的到期收益率一定会低于 12%，原因是什么？

4. 当到期收益率上升还是下降时，债券持有人会有更高的收益吗？为什么？
5. 假设你今天买了一张一年后就要出售的息票债券。收益率公式的哪一部分将债券的未来变化纳入了债券价格？
6. 如果抵押贷款利率从 5% 上升至 10%，但是住房价格的预期增长率从 2% 上升至 9%，那么人们是否还愿意购买住房呢？
7. 当期收益率与到期收益率在什么时候无限接近？
8. 为什么政府选择发行一直支付利息的永续债券，而不是有期限的债券，比如固定支付贷款、贴现债券或息票债券？
9. 在什么情况下，贴现债券有一个负的名义收益率？对于息票债券和永续债券可能存在一个负的名义收益率吗？
10. 判断对错：贴现债券的收益率与其资本收益率是相等的。
11. 如果利率下跌，你愿意持有长期债券还是短期债券？原因何在？哪一种债券的利率风险更大？
12. 20 世纪 80 年代中期的利率水平比 20 世纪 70 年代末要低，但是许多经济学家认为 20 世纪 80 年代中期的实际利率比 20 世纪 70 年代末要高很多。这种观点有道理吗？你赞同这些经济学家的观点吗？
13. 退休人员经常将大部分财富投资于存款和其他附息投资品种，并且有时候抱怨利率太低。他们的抱怨有道理吗？

应用题

14. 如果利率为 10%，那么第 1 年支付给你 1 100 美元、第 2 年支付给你 1 210 美元、第 3 年支付给你 1 331 美元的证券的现值是多少？
15. 计算 5 年期面值为 1 000 美元，到期收益率为 6% 的贴现债券的现值。
16. 一家彩票公司声称其特等奖的奖金为 1 000 万美元，在 5 年的期限内，每年支付 200 万美元。第一次奖金立即支付，请问特等奖真正的价值为多少？假设利率为 6%。
17. 假设一家商业银行想买国库券，债券一年后支付 5 000 美元，目前售价为 5 012 美元。那么此国库券的到期收益率是多少？这是一个典型的情况吗？为什么？
18. 有一笔本金为 100 万美元的普通贷款，在 5 年后需要偿付 200 万美元，其到期收益率是多少？

19. 有两种1 000美元的债券：一种是售价800美元、当前收益率为15%的20年期债券；另一种是售价800美元、当前收益率为5%的1年期债券。哪一种债券的到期收益率更高？

20. 某一债券的年化票面利率为4%，面值为1 000美元。完成如下表格，你观察到期限、到期收益率、现值有什么关系吗？

期限	到期收益率（%）	现值
2	2	____
2	4	____
3	4	____
5	2	____
5	6	____

21. 某一息票债券的面值为1 000美元，票面利率为10%。债券当前价格为1 044.89美元，两年到期，求债券的到期收益率。

22. 每年支付50美元，到期收益率为2%的永续债券价格是多少？如果到期收益率为原来的2倍，债券的价格会有何变化？

23. 某一特定地区的不动产税为每年住宅价格的4%。如果你刚购买了价值为250 000美元的房屋，假定房屋的价值永远都为250 000美元，不动产税率一直不变，以6%的利率来贴现，那么所有未来不动产税的现值是多少？

24. 假设你想贷款，你当地的银行想要收取你每年3%的实际利率。假设债券期限内的每年预期通货膨胀率为1%，确定银行收取的名义利率。如果在贷款期限内实际通货膨胀率为0.5%，会发生什么呢？

参考答案

选择题

1.A；2.A；3.A；4.C；5.C；6.A；7.A；8.D；9.A；10.B；11.A；12.C

思考题

1. 答：当利率为20%时，明天1美元的价值为1/（1 + 0.20）= 0.83美元；利率为10%时，价值为1/（1 + 0.10）= 0.91美元。因此，今天利率越高，明天1美元的价值就会越低。

2. 答：在比较不同日期支付的金额时，必须考虑货币现值的概念。计算 1 年后 5 500 美元的现值时，人们需要知道利率。在这种情况下，当利率大于 10% 时，人们会更愿意今天接受 5 000 美元（因为从今天起 1 年内可以在银行存入该金额并获得比 5 500 美元更多的钱）。

3. 答：如果利率是 12%，当前政府贷款的贴现值必然会少于 1 000 元，因为这笔贷款是在这两年后开始偿还的。因此，到期收益率必须低于 12%，才能使这笔贷款的现值达到 1 000 美元。

4. 答：当到期收益率上升时，代表债券价格下降。如果债券持有人以较低的价格出售债券，资本收益会较小（资本损失较大），因此，债券持有人的境况会更糟。

5. 答：资本收益率是收益率公式中包含债券价格未来变化的部分。公式的另一部分，即当前收益率，由票面利率（完全由债券的面值和票面利率决定）和你今天为债券支付的价格组成。资本收益率包含债券的未来价格，因此是反映未来价格变动结果的部分。

6. 答：人们更有可能买房，因为买房时的实际利率已经从 3%（5% − 2%）降到了 1%（10% − 9%）。因此，尽管抵押贷款利率上升，但为房子融资的实际成本降低了。（如果允许将利息收入用于减税，人们买房的可能性就会更大。）

7. 答：当债券价格非常接近面值或债券到期日超过十年时，当期收益率将与到期收益率相当接近。这是因为，未来的现金流具有非常小的现值，以至于在相同票面利率下，长期票面利率债券的价值几乎可以永续保持不变。

8. 答：与固定支付贷款、贴现债券或息票债券相比，永续债券维持一定规模贷款的短期成本要低得多。例如，假设 10 年期以上利率为 5%，对于 1 000 美元的贷款，永续债券每年的成本为 50 美元（或在 10 年内支付 500 美元）。对于固定支付贷款，成本是每年 129.50 美元（或 10 年期间支付 1 295 美元）。就贴现债券而言，这项贷款需要在 10 年内一次性支付 1 628.89 美元。对于息票债券，假设 50 美元的票息支付额与永续债券的支付额相同，则意味着面值为 1 000 美元，因此，对于息票债券，在 10 年结束时的总支付额将是 1 500 美元。

9. 答：当价格 P 大于贴现债券的面值 F 时，名义收益率将为负值。票面利率为负的息票债券是可能有一个负的名义收益率的，只要票面利率和面值相对于当前价格较低。例如，对于一年期息票债券，到期收益率为 $i = (C + F - P)/P$；在这种情况下，当 $C + F < P$ 时，i 将为负值。永续债券的名义收益率不可能为负的，因为这样需要支付的票息或价格为负的。

10. 答：对。债券的收益率是当前收益率 i_c 加上资本收益率 g。例如，贴现债券，顾名思义，没有票息，因此贴现债券的当前收益率总是零（零除以当前价格）。

11. 答：你更愿意持有长期债券，因为它们的价格涨幅会超过短期债券，从而带来更高的收益。长期债券比短期债券更容易受到价格波动的影响，因此利率风险更大。

12. 答：经济学家是对的。他们的理由是，名义利率低于20世纪70年代末的预期通货膨胀率，使实际利率为负值。然而，20世纪80年代中期的预期通货膨胀率比名义利率下降得快很多，因此名义利率高于预期通货膨胀率，实际利率变为正数。

13. 答：虽然在退休人员看来，随着名义利率下降，他们的财富正在减少，但只要预期通货膨胀率与名义利率以相同的速度下降，他们储蓄账户的实际收益率就不会受到影响。然而，退休人员生活费用所反映的预期通货膨胀率往往比标准通货膨胀率高得多，因此低名义通货膨胀率可能对退休人员的财富产生不利影响。

应用题

14. 答：$1\,100/(1+0.10)+1\,210/(1+0.10)^2+1\,331/(1+0.10)^3=3\,000$ 美元。

15. 答：$PV=FV/(1+i)^n$，其中 $FV=1\,000$ 美元，$i=0.06$，$n=5$。因此，$PV=747.26$ 美元。

16. 答：$2\,000\,000+2\,000\,000/1.06+2\,000\,000/1.06^2+2\,000\,000/1.06^3+2\,000\,000/1.06^4$，即 $8\,930\,211$ 美元。

17. 答：这种债券的到期收益率由以下等式解出：$5\,000/(1+i)=5\,012$，债券的到期收益率约为 -0.24%。这不是典型的情况。正常情况下，银行不会选择支付高于贴现债券面值的金额，因为这意味着到期收益率为负值。

18. 答：14.9%。5年后所偿还的200万美元的现值为 $200/(1+i)^5$（单位：万美元），该数值等于100万美元的贷款。因此 $100=200/(1+i)^5$，即 $(1+i)^5=2$，因此 $i=0.149=14.9\%$。

19. 答：如果一年期债券没有票息，其到期收益率将为 $(1\,000-800)/800=25\%$。而因为它有票息，其到期收益率必然大于25%。而20年期的债券，其当前收益率是到期收益率的近似值，我们知道该债券的到期收益率约为15%。因此，一年期债券的到期收益率较高。

20. 答：相关信息如下表所示。

期限	到期收益率（%）	现值
2	2	1 038.83
2	4	1 000.00
3	4	1 000.00
5	2	1 094.27
5	6	915.75

当到期收益率高于票面利率时，债券的当前价格就会低于其面值。当到期收益率低于票面利率时，情况恰恰相反。当到期收益率等于票面利率时，债券的当前价格等于其面值，而与期限无关。期限一定时，债券的当前价格会随着到期收益率的上升而下跌。到期收益率一定时，债券的当前价格随着期限的增加而增加。

21. 答：$1\,044.89 = 100/(1+i) + 100/(1+i)^2 + 1\,000/(1+i)^2$。所以到期收益率 i 为 0.075，即 7.5%。

22. 答：价格为 $50/0.02 = 2\,500$ 美元。如果到期收益率为原来的 2 倍，即 4%，则价格将降至其原先价值的一半，即 $50/0.04 = 1\,250$ 美元。

23. 答：250 000 美元的房子每年的不动产税是 $250\,000 \times 0.04 = 10\,000$ 美元。所有未来不动产税的现值 $=10\,000/0.06 = 166\,666.67$ 美元。

24. 答：银行将按 1% + 3% = 4% 的名义利率向你收费。然而，如果实际通货膨胀率低于预期，那么你的境况将比最初计划的要糟，因为实际借贷成本（以实际利率衡量）为 4% − 0.5% = 3.5%。

第 5 章

利率行为

选择题

1. 用作价值存储的财产称为_____。
   - (A) 资产
   - (B) 会计单位
   - (C) 负债
   - (D) 借贷

2. 在影响资产需求的四个因素中,在其他条件不变的情况下,哪一个因素的增加将导致所有资产的需求也增加?_____。
   - (A) 财富
   - (B) 预期收益
   - (C) 风险
   - (D) 流动性

3. 如果财富增加,对股票的需求_____,对长期债券的需求_____(其他一切都保持不变的前提下)。
   - (A) 增加;增加
   - (B) 增加;减少
   - (C) 减少;减少
   - (D) 减少;增加

4. 债券的需求曲线通常向下倾斜,表明在其他条件相同的情况下,债券的价格_____,债券的_____增加。
   - (A) 提高;需求
   - (B) 提高;需求量
   - (C) 降低;需求
   - (D) 降低;需求量

5. 当出现以下_____改变时,债券的需求曲线或供给曲线将发生移动。
   - (A) 债券价格
   - (B) 收入

(C）财富 (D）预期收益

6. 当债券价格降低时，在其他条件不变的情况下，债券的需求曲线_____。

   (A）向右移动 (B）向左移动

   (C）不会移动 (D）反转

7. 在凯恩斯的流动性偏好框架中，假设个人以哪两种形式持有其财富？_____。

   (A）实物资产和金融资产 (B）股票和债券

   (C）货币和债券 (D）金钱和黄金

8. 在凯恩斯的流动性偏好框架中，_____。

   (A）对债券的需求必须等于货币的供应

   (B）对货币的需求必须等于债券的供应

   (C）对债券的超额需求意味着对货币的超额需求

   (D）债券的超额供应意味着对货币的超额需求

9. 在凯恩斯的流动性偏好框架中，其他一切保持不变，利率的增加导致货币需求曲线_____。

   (A）右移 (B）左移

   (C）无变化 (D）倒转

10. 在货币市场中，其他一切都保持不变，较低的收入水平会引起货币需求_____和利率_____。

    (A）减少；减少 (B）减少；增加

    (C）增加；减少 (D）增加；增加

11. 米尔顿·弗里德曼把货币供应量增加引起的低利率的效应称为_____效应。

    (A）流动性 (B）物价水平

    (C）预期通货膨胀 (D）收入

12. 在货币供应量增加对利率的四种影响中，最初的影响通常是_____。

    (A）收入效应 (B）流动性效应

    (C）价格水平效应 (D）预期通货膨胀效应

思考题

1. 解释在以下情况下，你是否会改变购买微软公司股票的意愿：

   a. 你的财富在未来将会减少。

   b. 你预期股票会升值。

   c. 债券市场的流动性增强。

d. 你认为黄金会升值。

e. 债券市场中的债券价格变得更加不稳定。

2. 解释你是否会改变购买住房的意愿。

   a. 你刚刚继承了 10 万美元。

   b. 房地产中介的佣金从销售价格的 6% 下降到 5%。

   c. 你认为微软股票明年的价值会翻倍。

   d. 股票市场的价格变得更加不稳定。

   e. 你预期房价会下跌。

3. 解释在下列情况下，你是否会改变购买黄金的意愿。

   a. 黄金再次成为可接受的交易媒介。

   b. 黄金市场的价格变得更加不稳定。

   c. 人们预计黄金价格上涨，而黄金价格往往会随着总体价格水平的变化而变动。

   d. 你预计利率会上升。

4. 解释在下列情况下，你是否会改变购买美国电话电报公司的长期债券的意愿。

   a. 这些债券的交易量增加，使得它们更容易出售。

   b. 你认为股票市场可能会出现熊市（预期股票价格会下跌）。

   c. 股票交易佣金下降。

   d. 你预期利率会上升。

   e. 债券的交易佣金下降。

5. 在股票市场处于繁荣阶段的时候，对于伦勃朗油画的需求将会产生何种变化？原因何在？

6. 拉斐尔注意到，在目前的利率水平上，债券供应过剩，因此他预计债券价格会上涨。他的说法是对的吗？

7. 假设玛丽亚更愿意购买预期收益率为 7%，标准差为 2% 的债券，而詹妮弗更愿意购买预期收益率为 4%，标准差为 1% 的债券。你认为玛丽亚比詹妮弗更厌恶风险，还是更不厌恶风险呢？

8. 如果政府对债券市场的每日交易量施加限制，债券市场将会发生什么？资产的哪个特性会受到影响？

9. 如果人们对不动产未来价格的预期值突然提高，那么对利率将会产生何种影响？

10. 由于现在遵守新的金融市场法规的成本太高，假设许多大公司决定不发行债券。你能描述这对利率的预期影响吗？

11. 在 2008 年的全球性经济危机的后期，美国政府预算赤字急剧增加，然而美国国债利率大幅下降并在很长一段时间保持低利率水平。这是否合理？并解释原因。

12. 如果股票经纪人的佣金费用下降，那么利率将会受此影响吗？请解释其中的原因。
13. 在记者招待会上，美国总统宣布将采取一项新的反通货膨胀计划来控制不断高涨的通货膨胀率。如果公众信任美国总统，那么你预计利率将出现何种变化？
14. 假设法国人决定永久性地提高他们的储蓄率。预测未来法国债券市场将会发生什么，法国的国内利率会更高还是更低？
15. 假设你是公司的财务部门负责人，你必须在短期借款和长期借款中选择一种。查看新闻后，你发现政府将在不久后参与一个重大的基础设施建设计划。请预测利率会怎么变化。你应选择短期借款还是长期借款？
16. 财政政策制定者是否有理由担心潜在的通货膨胀状况？并解释原因。
17. 在名义货币供应量不变的条件下，价格水平（没有包含在预期通货膨胀率之内）的提高会导致利率上升的原因是什么？
18. 如果公众认为美联储的下任主席将会主张保持比现任主席在任期间更低的货币供应量增长率，那么你预计利率将会出现何种变化？请讨论可能出现的各种情况。
19. 美国在2011年和2012年的M1增长率是15%，2013年的M1增长率是10%。在同一时期，3个月期的国库券利率却接近0。考虑到货币的高增长率，请解释利率没有增长且保持如此低水平的原因。对于收入效应、物价水平效应和预期通货膨胀效应，这说明了什么？

应用题

20. 假设你有一个财务顾问，你正在考虑将你的财富的一部分投资于下列三个投资组合中的一个：股票、债券或商品。财务顾问为你提供了以下表格，里面包含每项投资的预期收益率以及相应的概率（见下表）：

股票		债券		商品	
概率	预期收益率（%）	概率	预期收益率（%）	概率	预期收益率（%）
0.25	12	0.6	10	0.2	20
0.25	10	0.4	7.5	0.25	12
0.25	8			0.25	6
0.25	6			0.25	4
				0.05	0

a. 你应该选择哪种投资组合来使你的预期收益率最大化，股票、债券还是商品？

b. 如果你是风险厌恶者，必须在股票和债券投资之间做出选择，你应该选择哪一种？原因是什么？

21. 联邦储备体系减少货币供应量的一个重要方法是向公众出售债券。根据债券供求理论，说明这种行为将会对利率产生何种影响。这与你使用流动性偏好理论得到的分析结论一致吗？

22. 使用流动性偏好理论和债券供求理论，分析以下两种情况。

    a. 利率顺周期运行（即利率在经济扩张时上升而在经济衰退时下降）的原因。使用这两种理论得出的分析结果一致吗？

    b. 在债券风险提高的条件下利率会产生何种变化？使用这两种理论得出的分析结果一致吗？

23. 面值为1 000美元的一年期贴现债券的需求曲线和供给曲线由以下等式表示：

    需求曲线：价格 = −0.6 × 数量 + 1 140

    供给曲线：价格 = 数量 + 700

    a. 在此市场中，债券的预期均衡价格和数量是多少？

    b. 按照a中的答案，在此市场中，预期利率是多少？

24. 面值为1 000的美元一年期贴现债券的需求曲线和供给曲线分别用下列等式表示：

    需求曲线：价格 = −0.6 × 数量 + 1 140

    供给曲线：价格 = 数量 + 700

    假设，作为货币政策行动的结果，美联储出售其持有的80只债券。假设债券需求和货币需求保持不变。

    a. 美联储的政策对供给曲线的公式有什么影响？

    b. 计算美联储的行动对债券市场均衡利率的影响。

参考答案

选择题

1.A；2.A；3.A；4.D；5.A；6.C；7.C；8.D；9.C；10.A；11.A；12.B

思考题

1. 答：a. 购买意愿减弱，因为你的财富减少了。

    b. 购买意愿增强，因为微软公司股票的相对预期收益会提高。

    c. 购买意愿减弱，因为相对于债券，微软公司股票的流动性较低。

    d. 购买意愿减弱，因为相对于黄金，微软公司股票的预期收益有所下降。

e. 购买意愿增强，因为相对于债券，微软公司股票的风险较低。
2. 答：a. 购买意愿增强，因为你的财富增加了。

   b. 购买意愿增强，因为住房的预期收益率和流动性增强。

   c. 购买意愿减弱，是因为相对于微软的股价，投资住房的预期收益有所下降。

   d. 购买意愿增强，因为相对于股票而言，投资住房的风险较低。

   e. 购买意愿减弱，因为投资住房的预期收益率会下降。

3. 答：a. 购买意愿增强，因为黄金流动性增强。

   b. 购买意愿减弱，因为投资黄金的风险性增加。

   c. 购买意愿增强，因为黄金的预期收益会上升。

   d. 购买意愿增强，因为黄金的预期收益相对于长期债券的预期收益有所上升，而后者有所下降。

4. 答：a. 购买意愿增强，因为债券的流动性增强。

   b. 购买意愿增强，因为长期债券的预期收益相对于股票有所上升。

   c. 购买意愿减弱，因为相对于股票，长期债券的流动性下降。

   d. 购买意愿减弱，因为长期债券的预期收益下降。

   e. 购买意愿增强，因为长期债券流动性增强。

5. 答：股票价值的上升会增加人们的财富，因此对伦勃朗油画的需求也会上升。

6. 答：拉斐尔的说法是不正确的。如果在当前利率水平上存在债券的超额供应，则供需分析告诉我们，利率将增加，其所对应的需求曲线上的点和供给曲线上的点分别沿着需求曲线（向右下方）和供给曲线（向左下方）运动，债券价格将因此下跌，利率将上升到均衡水平。

7. 答：玛丽亚选择的债券具有较高的标准差，但也有较高的预期收益率。为了判断是玛丽亚还是珍妮弗更倾向于规避风险，人们需要比较预期收益率相同、标准差不同的两种债券。由于高预期收益率是与高波动性（高标准差）是不可分的特征，所以高波动性债券表现出较高的预期收益率并不罕见，就像玛丽亚偏好的债券一样。

8. 答：如果政府限制债券市场的日常交易量，那么相对于其他资产，债券的流动性就会下降。这样的监管将意味着在债券市场上更难找到买家和卖家，从而影响债券的流动性和需求曲线（将向左移动），以至于利率上升，债券价格下降（对于给定的供给曲线）。

9. 答：利率会上升。人们对未来房地产价格的预期突然增加，与债券相比，会提高房地产的预期收益，因此对债券的需求会下降。需求曲线向左移动，债券价格下跌，均衡利率上升。

10. 答：如果许多大公司因为新的金融市场法规而决定不发行债券，这将影响供给曲线。这种影响将使得供给曲线左移，从而提高债券价格（降低利率），减少市场上的债券买卖数量。

11. 答：大量赤字的供应效应会导致利率上升。经济危机的影响导致财富和收入显著减少，从而抑制了美国国债需求，但也由于投资机会减少，公司债券供应减少的幅度更大。如果债券供给曲线向左移动的幅度大于债券需求曲线向右移动的幅度，则会导致债券价格上涨和利率下降。此外，由于全球性经济危机的严重性，美国国债成为避险投资工具，降低了美国国债的相对风险并增加了流动性。这显著提高了美国国债需求，导致债券价格上涨，收益率大幅下降。换句话说，投资机会和风险因素的减少大大抵消了财富对需求的影响和赤字对供给的影响。

12. 答：是的，利率会上升。较低的股票佣金使股票相对于债券具有更高的流动性，而对债券的需求将会下降。因此，需求曲线将向左移动，均衡利率将上升。

13. 答：如果公众相信美国总统的计划会成功，利率就会下降。美国总统的声明将降低预期的通货膨胀率，从而使预期的商品收益率相对于债券有所下降。债券需求增加，需求曲线向右移动。对于给定的名义利率，较低的预期通货膨胀率意味着实际利率上升，借贷成本提高，债券供给下降，债券供给曲线左移。债券供给曲线左移和需求曲线右移的结果是均衡利率下降。

14. 答：如果法国人决定永久提高他们的储蓄率，那么更多的财富将在这些年中积累起来。财富的增长决定了人们在任何既定利率（或债券价格）下都会买入更多债券，从而导致法国债券的需求曲线向右移动。因此，这个欧洲国家有望在未来获得永久性的低利率。

15. 答：如果政府计划为一项重大基础设施计划提供资金，它就需要获得资金，从而可能会发行更多债券。由于政府是债券市场的主要参与者，这很可能导致供给曲线向右移动，从而降低债券价格并在未来提高利率。如果你有机会，应锁定目前的低利率，做长期贷款。

16. 答：没错，财政政策制定者应该担心潜在的通货膨胀状况。如果人们认为通货膨胀率会上升，美国国债的收益率就会上升，也就是说，付给债券持有人的利率会上升。换句话说，较高的通货膨胀导致较高的偿债负担，并增加了为赤字进行融资的成本。

17. 答：当价格水平上升时，实际货币供应量下降（保持名义货币供应量不变）。为了将自己实际持有的货币量恢复到以前的水平，人们会希望持有更多的名义货币。因此，货币需求曲线向右移动，利率上升。

18. 答：较低的货币供应量增长率带来流动性效应、收入效应、物价水平效应和通货膨胀预期效应。流动性效应会使得利率提高，而物价水平效应、收入效应和预期通货膨胀效应将倾向于降低利率。因此可能有三种情况出现：①如果流动性效应大于其他效应，那么利率将上升；②如果流动性效应较其他效应小，而预期通货膨胀缓慢调整，则利率起初会上升，但最终会回落至其初始水平以下；③如果流动性效应小于预期通货膨胀效应，且预期通货膨胀快速调整，则利率将会立即下降。

19. 答：在货币增长率异常高的情况下，这应该会导致更高的预期通货膨胀率、整体价格水平的跃升以及更强劲的经济增长。尽管存在流动性影响，但这些因素都将导致利率随时间上升。然而，在2011~2013年，失业率居高不下，经济增长疲软，如果有什么变化的话，决策者担心的是通货紧缩（价格水平下降），而不是货币增长带来的任何通货膨胀效应。换句话说，异常高的货币增长率对收入水平、价格水平和预期通货膨胀的影响相对于流动性影响而言非常小。

应用题

20. 答：a. 股票组合的预期收益率为 $0.25 \times 12\% + 0.25 \times 10\% + 0.25 \times 8\% + 0.25 \times 6\% = 9\%$。债券组合的预期收益率为 $0.6 \times 10\% + 0.4 \times 7.5\% = 9\%$。商品组合的预期收益率为 $0.2 \times 20\% + 0.25 \times 12\% + 0.25 \times 6\% + 0.25 \times 4\% + 0.05 \times 0 = 9.5\%$。由于商品组合的预期收益率较高，因此你应选择商品投资组合。

b. 在选择股票或债券投资组合时，它们都有相等的预期收益率。然而，由于债券投资组合的结果的不确定性比股票投资组合的结果的不确定性小，风险厌恶者应该选择债券投资组合。

21. 答：当美联储向公众出售债券时，它增加了债券的供给，从而使供给曲线向右移动（B_1^S 移动到 B_2^S）。结果是供给曲线 B_2^S 和需求曲线 B^d 的交点有较低的价格和较高的均衡利率，利率上升（见左下图）。在流动性偏好理论下，货币供应量的减少使货币供应量曲线 M_1^S 向左移动到 M_2^S，均衡利率上升（见右下图）。债券供求理论分析得到的答案与流动性偏好理论分析得到的答案是一致的。

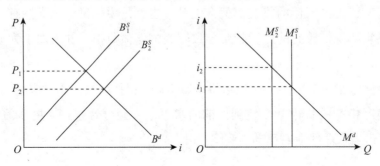

22. 答：a. 对于债券供求理论，当经济繁荣时，对债券的需求增加。公众的收入和财富增加了，而债券的供给也增加了，因为公司有更有吸引力的投资机会。需求曲线（B^d）和供给曲线（B^s）都向右移动（见左下图），但是，需求曲线的移动幅度可能小于供给曲线的移动幅度，因此均衡利率上升。同理，当经济衰退时，供给曲线和需求曲线都向左移动，但需求曲线的移动幅度小于供给曲线的移动幅度，因此利率下降。结论是，利率在繁荣时期上升，在衰退时期下降：也就是说，利率是顺周期的。流动性偏好理论也给出了相同的答案。当经济繁荣时，对货币的需求增加（见右下图），人们需要更多的货币来进行更多的交易，因为他们的财富增加了。因此，需求曲线向右移动，提高了均衡利率。当经济进入衰退时，对货币的需求就会下降，而需求曲线向左移动，降低了均衡利率。同样，利率被视为顺周期运行的。

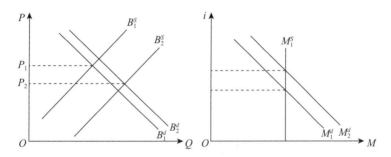

b. 在债券供求理论中，债券风险的增加降低了对债券的需求。需求曲线 B^d 向左移动，均衡利率上升（见左下图）。流动性偏好理论也给出了相同的答案。债券相对于货币风险的增加同时增加了对货币的需求。货币需求曲线向右移动，均衡利率上升（见右下图）。

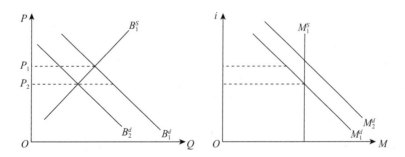

23. 答：a. 供需平衡时下面等式成立：

$$-0.6 \times 数量 + 1\,140 = 数量 + 700$$
$$1.6 \times 数量 = 440$$
$$数量 = 275$$

代入债券供给曲线的等式，价格 = 275 + 700 = 975。

b. 面值为 1 000、现价为 975 的一年期贴现债券的预期利率为 $i = (1\,000 - 975)/975 = 0.025\,6$，或 2.56%。

24. 答：a. 货币政策行动本质上是一种公开市场操作，在任何给定的价格下，市场上债券的供给增加 80 只，债券供给曲线的等式将变为"数量 = 价格 −700 + 80"，因此价格 = 数量 + 620。

b. 作为美联储行动的结果，新的均衡被给出：

$$-0.6 \times 数量 + 1\,140 = 数量 + 620$$

$$1.6 \times 数量 = 520$$

$$数量 = 325$$

代入债券供给曲线等式，价格 = 325 + 620 = 945。因此，面值为 1 000，现价为 945 的一年期贴现债券的预期利率为 $i = (1\,000 - 945)/945 = 0.058\,2$ 或 5.82%。这比在对上题的答案中计算出的初始平衡时的 2.56% 有所增加。

第 6 章

利率的风险与期限结构

选择题

1. 如果债券违约的可能性因为公司开始遭受巨额损失而增加,那么公司债券的违约风险将_____,而这些债券的预期收益将_____,其他一切都保持不变。
   - (A) 减少;增加
   - (B) 减少;减少
   - (C) 增加;增加
   - (D) 增加;减少

2. 在其他条件相同的情况下,公司债券违约风险的增加使公司债券的需求曲线向_____移动,而国债的需求曲线向_____移动。
   - (A) 右;右
   - (B) 右;左
   - (C) 左;右
   - (D) 左;左

3. 公司债券风险的降低将_____公司债券的收益率和_____国库券的收益率,其他一切都保持不变。
   - (A) 增加;增加
   - (B) 减少;减少
   - (C) 增加;减少
   - (D) 减少;增加

4. 随着违约风险的增加,公司债券的预期收益_____,收益的不确定性_____,其他一切都保持不变。
   - (A) 增加;减少
   - (B) 增加;增加
   - (C) 减少;减少
   - (D) 减少;增加

5. 低质量公司债券和美国政府债券之间的利差将_____。

(A) 在大萧条期间显著扩大　　　　　　(B) 在大萧条时期明显缩小
(C) 在大萧条期间适度缩小　　　　　　(D) 在大萧条期间没有改变

6. 公司债券的风险溢价在商业周期扩张期间倾向于_____，在经济衰退期间倾向于_____，其他一切保持不变。
   (A) 增加；增加　　　　　　　　　　(B) 增加；减少
   (C) 减少；增加　　　　　　　　　　(D) 减少；减少

7. 在其他条件相同的情况下，公司债券流动性的增加使公司债券的需求曲线向_____移动，而国债的需求曲线向_____移动。
   (A) 右；右　　　　　　　　　　　　(B) 右；左
   (C) 左；右　　　　　　　　　　　　(D) 左；左

8. 如果联邦政府保证支付市政债券，则市政债券的收益率将_____，美国国债的收益率将_____，其他条件相同。
   (A) 减少；增加　　　　　　　　　　(B) 增加；增加
   (C) 增加；减少　　　　　　　　　　(D) 减少；减少

9. 根据期限结构的预期理论，_____。
   (A) 当收益率曲线急剧向上倾斜时，预计未来短期利率将保持相对稳定
   (B) 当收益率曲线向下倾斜时，预计未来短期利率将保持相对稳定
   (C) 相对于长期债券，投资者对短期债券有强烈的偏好，这解释了为什么收益率曲线通常向上倾斜
   (D) 收益率曲线向下倾斜和向上倾斜的可能性应该相同

10. 市场分割理论可以解释_____。
    (A) 为什么收益率曲线通常倾向于向上倾斜
    (B) 为什么不同期限债券的利率往往会一起变动
    (C) 为什么收益率曲线在短期利率低时倾向于向上倾斜，而在短期利率高时倾向于倒转
    (D) 为什么收益率曲线被用来预测经济周期

11. 根据期限结构的流动性溢价理论，_____。
    (A) 不同期限的债券不可替代
    (B) 如果收益率曲线向下倾斜，那么预计短期利率将大幅下降，即使加上正期限溢价，长期利率也会低于短期利率
    (C) 收益率曲线不应向下倾斜
    (D) 不同期限债券的利率不会随着时间的推移而变化

12. 根据流动性溢价理论，如果未来五年的 1 年期利率预计为 4%、2%、5%、4% 和 5%，

并且5年期溢价为1%，那么5年期债券利率为_____。

（A）2% （B）3%

（C）4% （D）5%

13. 根据期限结构的流动性溢价理论，一个略微向上倾斜的收益率曲线表明短期利率_____。

（A）在未来上升 （B）在未来保持不变

（C）在未来会适度下降 （D）在未来急剧下降

14. 在实际操作中，短期利率和长期利率通常是一起变动的。这是_____的缺点。

（A）市场分割理论 （B）预期理论

（C）流动性溢价理论 （D）市场分离理论

15. 当收益率曲线平坦或向下倾斜时，表明经济更有可能进入_____。

（A）衰退 （B）扩张

（C）繁荣 （D）产出增加

思考题

1. 如果垃圾债券是"垃圾"，那么投资者为什么要购买它们？

2. 穆迪Baa评级的公司债券或C评级的公司债券，哪一个公司债券的利率风险溢价应该更高？为什么？

3. 你认为美国国库券的风险溢价会高于、低于还是等于哥伦比亚政府发行的类似证券（在期限和流动性方面类似）？

4. 2008年秋天，当时全球最大的保险公司AIG因全球金融危机而面临违约风险。随后美国政府通过大规模的资产注入和股份收购对AIG进行援助，这将如何影响AIG公司债券的收益率和风险溢价？

5. 公司债券的风险溢价通常是逆经济周期的，即风险溢价在经济扩张时下降，而在经济紧缩时上升。为什么会这样？

6. 就在2007年次级抵押贷款市场崩溃之前，最重要的信用评级机构将抵押贷款支持证券评为Aaa级和AAA级。请解释为什么进入2008年后的几个月，同样的债券却有最低的评级。我们应该始终信任信用评级机构吗？

7. 美国财政部将其部分债务作为通货膨胀指数证券（TIPS），在债券到期期限内其价格根据通货膨胀率进行调整。通货膨胀保值债券的交易规模通常小于其他相同期限的美国政府债券。对于通货膨胀保值债券和其他美国政府债券的流动性溢价，我们可以得出怎样的结论？

8. 假如美国政府今天宣布，如果公司将来破产，它将向债权人付款。请预测公司债券及美国国债利率的变化。

9. 假如美国政府今天宣布，如果地方政府拖欠债权人的债务，它将向债权人付款，那么请预测地方政府债券的风险溢价会发生什么变化。你认为对地方政府债券免征所得税是否有意义？

10. 2008年，3个月期的AA级金融商业票据与3个月期的AA级非金融商业票据收益率的差，从接近于零的正常水平不断上升，并在当年10月达到峰值。请解释收益率差突然上升的原因。

11. 如果取消地方政府债券的所得税豁免，这些债券的利率会怎样？这种变化会对美国国债的利率产生什么影响？

12. 2008年以前，抵押贷款人通常雇用当地市场上固定的一两家检验机构对房产进行尽职检验以评定其价值。2008年房地产市场崩盘之后，抵押贷款人必须通过第三方机构进行房产尽职检验。请问2008年以前的情形如何说明了类似于信用评级机构在全球性金融危机中所扮演角色的利益冲突。

13. "根据期限结构的预期理论，如果预期1年期债券的利率在两年内保持不变，那么投资1年期债券，到期后再投资比投资2年期债券更有利。"这一论述是正确的、错误的还是不确定的？

14. 如果债券投资者认为30年期债券不再像以前那样适合投资，请预测收益率曲线会发生什么，分别用以下理论给予解释。
    a. 期限结构的预期理论。
    b. 期限结构的市场分割理论。

15. 假设1年期、5年期和10年期美国国债的利率目前分别为3%、6%和6%。投资者A选择只持有1年期国债，投资者B对持有5年期国债和10年期国债无差异。你如何解释投资者A和投资者B的行为？

16. 如果收益率曲线如下图所示，那么市场预期未来短期利率将会如何变动？收益率曲线又提供了哪些关于市场对于预期通货膨胀率的信息？

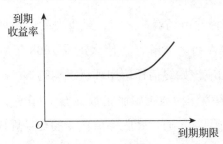

17. 如果收益率曲线如下图所示，那么市场预期未来短期利率将会如何变动？收益率曲线又提供了哪些关于市场对于预期通货膨胀率的信息？

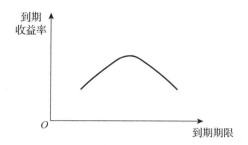

18. 如果平均收益率曲线是平坦的，那么该曲线在利率期限结构的流动性溢价理论中说明了什么？你更愿意接受还是拒绝流动性溢价理论？
19. 如果收益率曲线突然变陡，你将如何修正对未来利率的预期？
20. 如果对未来短期利率的预期突然下降，收益率曲线的斜率会发生什么变化？
21. 在2009年3月19日的政策会议之后，美联储宣布将在接下来的6个月内购买高达3 000亿美元的长期国债。该政策可能对收益率曲线产生什么影响？

应用题

22. 2010年和2011年，希腊政府因严重的预算危机而面临债务违约风险。使用债券市场图表，比较美国国债和相同期限的希腊国债对风险溢价的影响。
23. 假设预期理论是期限结构的正确理论，请根据未来5年内1年期利率的变化趋势，计算期限结构为1年期至5年期的利率。

    a. 5%、7%、7%、7%、7%

    b. 5%、4%、4%、4%、4%

    如果人们更偏好投资短期债券而不是长期债券，你的收益率曲线将如何变化？
24. 假设预期理论是期限结构的正确理论，计算期限结构为1年期至5年期的利率。

    a. 5%、6%、7%、6%、5%

    b. 5%、4%、3%、4%、5%

    如果人们更偏好投资短期债券而不是长期债券，你的收益率曲线将如何变化？
25. 下表列出了1年期债券和多年期债券的当期利率和未来预期利率。使用下表中的数据计算每种期限的多年期债券的流动性溢价。

年份	1年期债券利率（%）	多年期债券利率（%）
1	2	2
2	3	3
3	4	5
4	6	6
5	7	8

参考答案

选择题

1.D；2.C；3.D；4.D；5.A；6.C；7.B；8.A；9.D；10.A；11.B；12.D；13.B；14.A；15.A

思考题

1. 答：垃圾债券之所以被称为"垃圾"，是因为它们是风险很高的投资品种，但能够给以极低价格购买它的投资者提供高收益。投资者能够获得高风险溢价补偿。

2. 答：具有 C 评级的债券应该具有更高的利率风险溢价，因为它具有更高的违约风险，这会降低其需求并提高其相对于 Baa 评级债券的利率。

3. 答：美国政府发行的国库券通常被认为是无违约风险的。但是，其他国家政府发行的类似证券通常具有正的风险溢价，这通常取决于每个国家在特定时间点的财政失衡状况。

4. 答：违约风险将显著降低对 AIG 债券的需求，从而带来更高的收益率。在宣布政府将提供特别援助以支持 AIG 并防止其倒闭后，公司债券的风险溢价降低，对其公司债券的需求将上升，收益率将下降。

5. 答：在经济周期的繁荣期间，破产的公司较少，公司债券的违约风险较低，从而降低了风险溢价。相反，在经济衰退期间，公司债券的违约风险增加，其风险溢价增加。因此，公司债券的风险溢价是逆经济周期的：在衰退期间上升，在繁荣期间下降。

6. 答：从历史上看，抵押贷款支持证券被认为是低风险资产，因为房主最有动力支付抵押贷款（否则，他们可能会失去房屋）。然而，在 21 世纪的头几年，贷款标准降低后，许多人能够买房，但无法支付抵押贷款。这导致质量低劣的抵押贷款支持证券获得了与其风险不相匹配的信用评级。标准普尔和穆迪都因给予如此高的评级以致误导投资者购买这些证券而受到调查。有时信用评级机构在评估风险时也会犯错误。

7. 答：由于 TIPS 的交易量远低于美国政府债券，因此对这些债券的需求略低于可比的美国政府债券，因为 TIPS 会以较高的收益率（控制通货膨胀的影响）补偿流动性溢价。请注意，由于这种流动性效应相对较小，通货膨胀补偿通常会大于流动性溢价，这意味着政府债券收益率整体将高于可比期限的 TIPS。

8. 答：政府担保将降低公司债券的违约风险，使其相对于国债更受欢迎。对公司债券的需求增加和对国债需求的减少将降低公司债券的利率并提高国债的利率。

9. 答：如果联邦政府决定保证所有地方政府债券的支付，那么这些债券实际上将是无违约风险的。这种特性将使它们成为非常理想的资产，增加它们的需求，从而降低它们的利率。如果发生这种情况，那么地方政府债券将比美国国债更受欢迎，因为两者都不存在违约风险，但地方政府债券是免征所得税的工具。在这种情况下，对地方政府债券免征所得税就没有意义了，因为对这种债券免征所得税恰恰是为了"帮助"地方政府获得资金。

10. 答：全球金融危机对金融企业的打击来得突然、沉重，给金融体系的稳健性带来了很大的不确定性，甚至使得人们对最健康的银行和金融企业的稳健性也产生了怀疑。结果，相对于看似更安全的非金融商业票据，对金融商业票据的需求急剧下降。这导致两者之间的收益率差飙升，这反映了投资金融企业的风险更大。

11. 答：取消地方政府债券的所得税豁免将使它们相对于国债而言不那么受欢迎。由此带来的对地方政府债券的需求下降和对国债需求的增加使得地方政府债券的利率升高，而国债的利率将下降。

12. 答：信用评级机构存在利益冲突，因此有动机向它们的客户提供过于乐观的评级，这会助推金融危机的发生。同样，房屋检查过程中利益冲突使得房产检查员提供了对房屋价值过于乐观的评估以确保未来可继续工作，同时抵押贷款人也从中受益，因为只要抵押贷款人一直保持房产价值，就可以创建和出售抵押贷款。

13. 答：这是错误的。期限结构的预期理论意味着，在两年期的单期债券中投资 1 美元，预期收益率为 $i_t + i^e_{t+1}$，假设一个时期的债券利率预计在两个时期是相同的，预期收益率则等于 $2i_t$。将 1 美元投资于两年期的债券，预期收益率为 $2i_{2t}$。因此，只有当两个时期的（预期）单期债券利率都大于预期的双期债券利率时，单期债券才是更好的投资。

14. 答：a. 在期限结构的预期理论下，如果 30 年期债券变得不受欢迎，这将增加对其他期限债券的需求，因为它们被视为完美替代品。结果是其他期限债券的价格更高，收益率更低，收益率曲线末端的收益率增加。换句话说，收益率曲线将在末端变陡，并在曲线的其余部分略微变平。

b. 根据市场分割理论，假设每种类型的债券到期都是一个独立的市场，因此没有任何特定的联系。因此，长期利率的变化不会影响中短期债券收益率。因此，市场分割理论下的收益率曲线将导致 30 年期利率的跳跃，而收益率曲线的其余部分保持不变。

15. 答：对于投资者 A，尽管他的预期收益较低，但他显然更喜欢持有短期国债，可能是因为它的流动性更高。投资者 A 的偏好与市场分割理论一致。投资者 B 显然在最大化预期收益，但由于他对持有 5 年期国债和 10 年期国债无差异，投资者 B 似乎不喜欢任何特定期限，因此将 5 年期国债和 10 年期国债视为完美的替代品，这与期限结构的预期理论一致。

16. 答：较短期限的平坦收益率曲线表明短期利率预计在不久的将来会适度下降，而较长期限的收益率曲线陡峭的上行斜率表明未来利率预计会上升。由于利率和预期通货膨胀一起移动，收益率曲线表明市场预期通货膨胀在不久的将来会适度下降，但随后会上升。

17. 答：较短期限的陡峭向上倾斜的收益率曲线表明短期利率预计在不久的将来会适度上升，因为最初的陡峭上升的斜率表明近期预期短期利率的平均值高于当前的短期利率。较长期限的下行斜率表明短期利率最终预计将大幅下降。在长期债券的风险溢价为正的情况下，根据期限偏好理论，只有当预期短期利率的平均值下降时，收益率曲线才会向下倾斜，而这种情况只有当短期利率预计在未来很长时间内会下降时才会出现。由于利率和预期通货膨胀率一起移动，收益率曲线表明市场预期通货膨胀率在不久的将来会温和上升，但随后会下降。

18. 答：如果平均收益率曲线是平坦的，这表明长期债券相对于短期债券的风险溢价将为零，我们将更愿意接受预期理论。

19. 答：你会提高对未来利率的预期，因为较高的长期利率意味着预期未来短期利率的平均值较高。

20. 答：收益率曲线的斜率会下降，因为预期未来短期利率的下降意味着预期未来短期利率的平均值下降，从而使长期利率下降。

21. 答：如果美联储购买大量长期国债，这将减少这些特定期限国债的有效供应，导致其价格上涨和收益率下降。这应该会降低曲线的"长端"部分，降低中长期收益率。换句话说，收益率曲线将向下移动，但主要影响中长期国债。

应用题

22. 答：随着希腊政府违约风险的增加，人们对希腊国债的需求相较于对美国国债的需求降低。结果是希腊国债相对于美国国债的价格更低，收益率更高。

23. 答：a. 1 年期债券的到期收益率为 5%，2 年期债券的到期收益率为 6%，3 年期债券的到期收益率为 6.33%，4 年期债券的到期收益率为 6.5%，5 年期债券的到期收益率为 6.6%。

b. 1 年期债券的到期收益率为 5%，2 年期债券的到期收益率为 4.5%。3 年期债券的到期收益率为 4.33%，4 年期债券的到期收益率为 4.25%，5 年期债券的到期收益率为4.2%。如果人们更偏好短期债券而不是长期债券，则（a）中向上倾斜的收益率曲线会更加陡峭，因为长期债券将具有正的流动性溢价。如果长期债券的流动性溢价为正，则（b）中向下倾斜的收益率曲线将不那么陡峭，并且可能会略微向上倾斜。

24. 答：a. 1年期债券的到期收益率为5%，2年期债券的到期收益率为5.5%，3年期债券的到期收益率为6%，4年期债券的到期收益率为6%，而5年期债券的到期收益率为5.8%；

b. 1年期债券的到期收益率为5%，2年期债券的到期收益率为4.5%，3年期债券的到期收益率为4%，4年期债券的到期收益率为4%，5年期债券的到期收益率为4.2%。如果人们更偏好短期债券而不是长期债券，则（a）中先向上然后向下倾斜的收益率曲线将趋于向上倾斜，因为长期债券将具有正风险溢价。由于长期债券的正风险溢价，（b）中先向下倾斜然后向上倾斜的收益率曲线也倾向于更加向上倾斜。

25. 答：给定年份的流动性溢价是多年期债券的当期利率减去该期限内预期的一年期利率的平均值。因此，每年的流动性溢价为

$l_{11} = 2\% - 2\% / 1 = 0$

$l_{21} = 3\% - (3\% + 2\%) / 2 = 0.5\%$

$l_{31} = 5\% - (4\% + 3\% + 2\%) / 3 = 2\%$

$l_{41} = 6\% - (6\% + 4\% + 3\% + 2\%) / 4 = 2.25\%$

$l_{51} = 8\% - (7\% + 6\% + 4\% + 3\% + 2\%) / 5 = 3.6\%$

第 7 章

股票市场、理性预期理论和有效市场假说

选择题

1. 股东是剩余索取权人,这意味着他们_____。
   - (A) 对公司的所有资产拥有第一优先索取权
   - (B) 对公司的所有债务负责
   - (C) 永远不会分享公司的利润
   - (D) 在支付所有其他金额后收到剩余的现金流量

2. 使用单期估值模型,假设年终股息为 0.11 美元,预期销售价格为 110 美元,所需收益率为 10%,股票的当前价格为_____。
   - (A) 110.11 美元
   - (B) 121.12 美元
   - (C) 100.10 美元
   - (D) 100.11 美元

3. 使用戈登增长模型,如果 D_1 为 2.00 美元,要求收益率为 12%,g 为 10%,则当前股价为_____。
   - (A) 20 美元
   - (B) 50 美元
   - (C) 100 美元
   - (D) 150 美元

4. 全球金融危机导致的不确定性增加使得所需的股权投资收益率出现什么变化?_____。
   - (A) 提高
   - (B) 降低
   - (C) 没有影响
   - (D) 大幅降低

5. 如果预期是适应性形成的，那么人们_____。

   (A) 使用更多信息，而不仅仅是单个变量的过去数据来形成他们对该变量的预期

   (B) 面对新信息时，他们往往会迅速改变他们的预期

   (C) 仅使用来自单个变量的过去数据的信息来形成他们对该变量的预期

   (D) 一旦形成了预期就永远不会改变他们的预期

6. 如果在形成最优预测时没有使用额外的信息，因为当时不可用，那么预期是_____。

   (A) 显然是不合理的　　　　　　　(B) 仍被认为是合理形成的

   (C) 适应性形成的　　　　　　　　(D) 等价形成的

7. 如果市场参与者注意到一个变量现在的行为与过去不同，那么，根据理性预期理论，我们可以预期市场参与者_____。

   (A) 改变他们形成对变量未来价值预期的方式

   (B) 开始犯系统性错误

   (C) 不再密切关注这个变量的变动

   (D) 放弃尝试预测这个变量

8. 根据有效市场假说，金融证券的当前价格_____。

   (A) 是未来利息支付的贴现净现值　　(B) 由最低的中标者决定

   (C) 充分反映了所有可用的相关信息　(D) 以上说法均错误

9. 你在报纸上读到一篇报道，戴尔计算机和 Gateway 拟议合并。预计合并将大大提高 Gateway 的盈利能力。如果您决定投资 Gateway 股票，您有望赚取_____。

   (A) 高于平均水平的收益，因为您将分享更高的利润

   (B) 高于平均水平的收益，因为您的股票价格肯定会随着 Gateway 盈利能力的提高而升值

   (C) 低于平均水平的收益，因为计算机制造商的利润率很低

   (D) 正常收益，因为股票价格几乎立即调整以反映盈利能力的预期变化

10. 有效市场假说是否意味着普通投资者不会通过购买股票赚取任何收益？_____。

    (A) 不，有效市场假说意味着普通投资者不应预期在一致的基础上获得异常高的收益

    (B) 是的，有效市场假说意味着普通投资者能做的最好的事情就是收支平衡

    (C) 不，有效市场假说意味着投资者将通过购买股票持续获得异常高的收益

    (D) 是的，有效市场假说意味着购买股票风险极大，普通投资者没有希望弥补任何损失

11. 如果在有效市场中所有价格都是正确的并且反映了市场基本面，下列哪项陈述是错误的？_____。

   （A）过去表现不佳的股票将来更有可能表现良好

   （B）一项投资与其他任何投资一样好，因为证券的价格是正确的

   （C）证券的价格反映了有关证券内在价值的所有可用信息

   （D）管理者可以使用证券价格来准确评估他们的资本成本

12. 心理学家发现人们在自己的判断中倾向于_____。

   （A）不自信　　　　　　　　（B）过度自信

   （C）优柔寡断　　　　　　　（D）不安全

13. 投资者倾向于根据他们的信念而不是纯粹的事实进行交易。该陈述可以解释为什么证券市场具有有效市场假说无法预测的_____。

   （A）如此大的交易量　　　　（B）卖空

   （C）随机游走　　　　　　　（D）套利

14. 根据有效市场假设，_____。

   （A）根据过去的模式预测股票价格变动的规律是浪费时间的

   （B）此假设应用于所有金融分析师

   （C）此假设是最有效的规则

   （D）此假设符合随机游走假设

15. 反对市场效率的证据包括_____。

   （A）技术分析未能跑赢市场　　（B）股票价格的随机游走行为

   （C）共同基金经理无法持续跑赢市场　（D）一月效应

思考题

1. 在任何投资性资产的估值过程中，可以应用哪种融资基本原则？

2. 对股东而言，其获取现金流的两大主要来源是什么？这些现金流数额估计结果的可靠性有多高？比较股票投资的现金流估计过程和债券投资的现金流估计过程，你预计哪一种证券的波动幅度更大？

3. 一些经济学家认为，在股市失控和泡沫自行破灭引发巨大损失之前，中央银行就应该主动刺破股票市场中的泡沫。如何使用货币政策刺破泡沫？根据戈登增长模型解释这一目标的运行机制。

4. 如果货币政策对未来利率走势变得更加透明，那么股价将受到什么影响？

5. 假设你被要求预测 ABC 公司未来的股票价格，所以你开始收集所有可用的信息。

在你宣布预测结果的那一天，ABC公司的竞争对手宣布了一项全新的合并和重塑行业结构的计划。你的预测结果仍会被认为是最佳的吗？

6. 每当在早上起床时下雪的天气，乔就会错误地判断自己开车上班需要的时间。不下雪的时候，他对行车时间的预期非常准确。考虑到乔居住的地方每10年才下一次雪，乔的预期在绝大多数情况下是准确的。乔的预期是理性的吗？为什么？

7. 假设你决定玩游戏。你通过掷几次色子的方法来选择要购买的股票。10个月后，你计算你的投资收益率以及同期听从"专家"建议的人获得的收益率。如果两种投资收益率相近，这是否构成支持或反对有效市场假说的证据？

8. "如果股价不遵循随机游走，市场上就会有未利用的获利机会。"这个陈述是正确的、错误的还是不确定的？

9. 假设货币供应量增加导致股票价格上涨。这是否意味着在过去一周货币供应量急剧增加时你应该买股票？为什么？

10. 如果公众预计一家公司本季度亏损5美元/股，而它实际上亏损了4美元/股，这仍然是该公司历史上最大的亏损，那么当公司公告发生4美元/股损失的时候，根据有效市场假说，公司的股票价格会出现何种变化？

11. 如果你阅读《华尔街日报》时发现华尔街上精明的投资者预计股票价格将会下降，你是否应该听从这种意见，进而全部出售你的股票呢？

12. 如果你的经纪人之前的5次股票买卖建议都是正确的，你是否应该继续听取他的建议？

13. 一个有理性预期的人能预期谷歌股票的价格在下个月上涨10%吗？

14. "在一个有效的市场中，没有人比其他市场参与者从拥有更有价值的信息中获利。"这一论断是正确的、错误的还是不确定的？

15. 如果较高的货币供应量增长率与较高的通货膨胀率密切相关，虽然公布的通货膨胀率非常高，但是低于市场的预期值，那么你认为长期债券价格将会如何变化？

16. "外汇汇率与股票价格相似，都具有随机游走的特征。"这一论断是正确的、错误的还是不确定的？

17. 假设有效市场假说成立。马克最近被一家经纪公司雇用，他声称现在可以获得最有价值的市场信息。但是，他是新人且公司里没有人告诉他关于业务的很多信息。你预测马克的客户会比公司的其他客户处于优势地位吗？

18. 假设你是未来月度通货膨胀率的预测员，并且你最近6次预测的偏差为−1%。你的预测结果可能是最准确的吗？

19. 20世纪90年代末，随着信息技术和互联网的高速发展，美国股票市场直线飙升并于 2001 年达到峰值。到了 2001 年末，股票市场开始震荡，随后便发生崩盘。许多评论家认为之前几年属于"股票市场泡沫"。请问这段时期是如何在适用有效市场假说的同时演变成泡沫的？

20. 当基本面表明股票应该处于较低水平时，为什么有效市场假说不太可能成立？

应用题

21. 一种股票每年的股利为 1 美元，你预期一年后该股票的售价为 20 美元，如果你的要求收益率为 15%，请计算该股票的价格。

22. 在经过一番仔细分析之后，你发现一家公司的股票股利在可预见的未来时期内平均年增长率为 7%，该公司最近一期支付的股利为 3 美元，如果你的要求收益率为 18%，请计算该股票的当期价格。

23. 一种股票的当期价格为 65.88 美元，如果预期该股票在未来 5 年内每年支付股利 1 美元，且要求收益率为 10%，请问 5 年后当你计划出售该股票时，其价格为多少？如果股利支付水平和要求收益率保持不变，如果预期 5 年后股票价格上涨 1 美元，请问当期股票价格是否也增长 1 美元？请解释原因。

24. 一家公司宣布按照 3∶1 的比例进行拆股，并且决定立即实施。股票拆分前，该公司总市值为 50 亿美元，流通股股数为 1 亿股。如果该次拆股并未披露任何有关公司的新信息，请问股票拆股后，该公司的价值、流通股股数以及每股价格为多少？如果股票拆股后，该股票市场价格立即变为 17 美元/股，请问市场有效性如何？

参考答案

选择题

1.D；2.C；3.C；4.A；5.C；6.B；7.A；8.C；9.D；10.A；11.A；12.B；13.A；14.A；15.D

思考题

1. 答：任何资产的投资价值都是通过计算在这个资产生命周期内进行投资所产生的所有现金流量的现值来确定的。

2. 答：股票有两种现金流：定期股利和未来销售价格。当公司的收益上升或下降时，股利经常会发生变化，这可能使它们难以估计。未来的销售价格也很难估计，因为它取决于将来某个日期将支付的股利。债券现金流也包括两部分，定期利息支付和最终到期支付。这些付款是在债券发行时以书面形式确定的，并且在公司违约和破产的情况下也不能更改。股票价格往往更不稳定，因为它的现金流更容易发生变化。

3. 答：如果市场参与者认为股利会快速增长，或者如果他们大幅降低股票投资所需的收益率，从而降低戈登增长模型中的分母，从而导致股价攀升，股市泡沫就会出现。通过提高利率，中央银行可以使得所需的股本收益率上升，从而阻止股价攀升。此外，提高利率可能有助于降低经济的预期增长率，进而降低股利，从而防止股价攀升。

4. 答：随着未来利率走势的确定性增加，不确定性和风险可能会降低，这将降低所需的投资收益率 k 并导致股价上涨。此外，随着未来短期利率的不确定性降低，长期利率可能会降低，资本投资增加。这可能会促进长期经济增长和股利增长，也会推高股价。

5. 答：你的预测结果仍然被认为是最佳的，因为它是根据当时的所有可用信息做出的。事实上，最有可能影响 ABC 公司股价的新信息在当时出现，这完全超出了预测者的控制范围。在这种情况下，你的预测结果是最佳的，但时间很短。

6. 答：尽管乔的预期通常非常准确，但他仍可以通过在预测时考虑降雪来改进预期。由于他的预期可以提高，因此它们不是最优的、理性的预期。

7. 答：如果两种投资收益率接近，这将构成支持有效市场假说的证据，即所谓的"专家"建议与随机方法相比并不能更好地预测股票价格的变动。如果市场有效，没有人可以预测股价走势。唯一可以引起价格变动的是新信息。根据定义，没有人拥有这种信息。

8. 答：正确。如果可以预测股票价格的巨大变化，那么股票收益的最优预测将不等于该股票的均衡收益。在这种情况下，市场将存在未利用的获利机会，预期将不合理。然而，股票价格的非常小的变化是可以预测的，并且最佳收益预测将等于均衡收益。在这种情况下，将不存在未利用的获利机会。

9. 答：这并不意味着当时应该据此而购买股票。因为货币供应量的增加是公开的信息，这些信息已经包含在股票价格中。因此，不能指望通过增加货币供应量来获得超过股票均衡收益的收益。

10. 答：股价会上涨。尽管公司正在遭受损失，但股票价格反映了更大的预期损失。当损失小于预期时，有效市场理论表明股票价格将上涨。

11. 答：不会。因为这是公开信息，已经反映在股票价格中。股票收益的最佳预测将等于均衡收益，因此全部出售股票没有任何好处。

12. 答：不应该。尽管你的经纪人过去表现不错，但有效市场理论表明他可能很幸运。除非你相信你的经纪人拥有比市场其他人更有价值的信息，否则有效市场理论表明你不能指望经纪人在未来跑赢市场。

13. 答：不能，除非这个人比市场其他人拥有更有价值的信息。预期下个月价格上涨10%意味着谷歌股票的年收益率超过100%，这肯定超过其均衡收益率。这意味着市场上存在未利用的获利机会，而在有效市场中该机会将被消除。这个人唯一的理性预期是，如果这个人拥有市场无法获得的信息，那么他能够跑赢市场。

14. 答：错误的。拥有更有价值信息的人恰恰是那些通过消除未利用的获利机会来提高市场效率的人。这些人可以从更有价值的信息中获益。

15. 答：由于通货膨胀低于预期，对未来短期利率的预期会降低，长期利率会下降。长期利率下降意味着长期债券价格将上涨。

16. 答：正确。原则上，外汇汇率在很短的时间间隔内随机游走，例如一周的时间间隔，因为汇率的变化是不可预测的；如果变化是可预测的，那么外汇市场上将存在大量未利用的获利机会。如果外汇市场是有效的，这些未利用的获利机会就不会存在，因此外汇汇率将近似随机游走。

17. 答：如果有效市场假说成立，那么马克的客户在技术上不会比同一公司的其他客户处于任何劣势地位。然而，信息流通常有一个给定的层次结构，其中一些人先于其他人访问信息。尽管SEC为避免这种现象做出了巨大努力，但要完全消除它还是相当困难的。此外，股票经纪人的经验和专业知识也对客户有利。

18. 答：为了使你的预测更加准确，你会尽可能搜集各种有用信息，它包括所有最新的可用信息，包括你最近6次预测偏离−1%的事实。这意味着你必须将你的错误预测纳入你的预测中。不这样做，你的预测将不可能是最准确的。当然，你以往未能准确预估通货膨胀率，但你的预估不可能一直不准确（即，预测值总是低于实际通货膨胀率）。

19. 答：它可能被认为是一个泡沫，因为股票市场价格的上涨远高于真实的基本价值。然而，鉴于当时相对较新且快速发展的技术，许多相关的技术公司的真正基本价值存在很大的不确定性。尽管事后识别当时存在股票市场泡沫，但有效市场假说仍然成立，因为市场参与者当时根据可用的最有价值的信息对股票进行估值。市场参与者当时可能考虑到许多技术是新技术并且具有无限的增长潜力。

20. 答：行为金融学表明，当股价上涨时，市场参与者不太可能进行卖空，否则卖空会抓住未利用的获利机会，并将错位的股价推回基本价值。这是因为人们更厌恶下行风险而不是上行风险，并且由于卖空者可能遭受几乎全部的损失，因此在实践中很少发生卖空。此外，卖空有时被视为禁忌，因为它被视为从他人的损失中获利。

应用题

21. 答：$1/1.15 + 20/1.15 = 18.26$（美元）

22. 答：$P_0 = 3 \times 1.07/(0.18 - 0.07) = 29.18$（美元）

23. 答：5年后的价格应该约为100美元。这可以通过求解下面等式中的 P_5 得到：
$65.88 = 1/(1+0.1) + 1/(1+0.1)^2 + 1/(1+0.1)^3 + 1/(1+0.1)^4 + 1/(1+0.1)^5 + P_5/(1+0.1)^5$。
当期的股价不会上涨整整1美元。由于未来股票价格被要求收益贴现，当期股票价格只会增加 $1/(1+0.1)^5$ 美元，即0.62美元。

24. 答：在拆股之前，每股价值为50亿美元/1亿股，即50美元/股。如果拆股没有传递出新的信息，公司市值不变，仍为50亿美元。但是拆股后，每股变成3股，所以有3亿股流通股。拆股后股票价格为50亿美元/3亿股，即16.67美元/股。如果实际价格为17.00美元/股，则价格偏高。这可以从两个方面来看待。一种可能性是市场效率低下——发生了某种类型的异常，目前尚不清楚市场是否会自行纠正。另一种可能性是，拆股实际上传达了有关公司的信息。投资者可能认为（可能是错误的）每股价格将会大幅上涨，这就是公司实施拆股的原因。

第8章

金融结构的经济学分析

选择题

1. 美国企业主要从哪里获得外部资金？_____。
   - （A）银行贷款
   - （B）债券和商业票据发行
   - （C）发行股票
   - （D）来自非银行金融中介机构的贷款

2. 在美国非金融企业的四种外部资金来源中，最不常使用的是_____。
   - （A）银行贷款
   - （B）非银行贷款
   - （C）债券
   - （D）股票

3. 金融市场监管的目的之一是_____。
   - （A）限制金融机构的利润
   - （B）增加金融机构之间的竞争
   - （C）促进向股东、存款人和公众提供信息
   - （D）保证向存款支付最高利率

4. 随着交易规模的增加，每一美元投资的交易成本降低，这是因为_____。
   - （A）贴现
   - （B）规模经济
   - （C）贸易经济
   - （D）多样化

5. 以下哪项不是个人购买共同基金的好处？_____。
   - （A）降低风险
   - （B）降低交易成本
   - （C）搭便车
   - （D）多样化

6. 金融市场中存在的_____，会导致逆向选择和道德风险问题，从而干扰金融市场的有效运作。
   (A) 非抵押风险 (B) 搭便车
   (C) 信息不对称 (D) 高成本核实行为

7. 如果存在不良信用风险的是那些最积极寻求贷款的人，那么金融中介机构面临_____的问题。
   (A) 道德风险 (B) 逆向选择
   (C) 搭便车 (D) 高成本核实行为

8. 对信息不对称问题如何影响经济行为的分析被称为_____理论。
   (A) 非均衡 (B) 平行
   (C) 委托 (D) 代理

9. "柠檬问题"的存在是因为_____。
   (A) 交易成本 (B) 规模经济
   (C) 理性预期 (D) 信息不对称

10. 发生搭便车问题是因为_____。
    (A) 为信息付费的人可以自由地使用信息
    (B) 没有为信息付费的人可以使用信息
    (C) 在任何价格下，信息都不可能被出售
    (D) 生产信息永远是无利可图的

11. 股权合同_____。
    (A) 是对企业的利润和资产份额的索取
    (B) 与债务合同相比，它的优点是核实行为的成本更低
    (C) 比债务合同更经常被用来筹集资金
    (D) 不受道德风险问题的影响

12. 由于它们对企业的监督要求较低，_____合同比_____合同更经常被用来筹集资金。
    (A) 债务；股权 (B) 股权；债务
    (C) 债务；贷款 (D) 股权；股票

13. 虽然债务合同比股权合同需要更少的监督，但债务合同仍然存在_____，因为借款人有动机承担比贷款人更大的风险。
    (A) 道德风险 (B) 代理理论
    (C) 多样化 (D) "柠檬"问题

14. 为了使限制性条款有助于减少道德风险问题，贷款人必须_____限制性条款。
   （A）监督和执行　　　　　　　（B）用大写英文字母书写
   （C）能够轻易地改变　　　　　（D）不能取消

思考题

1. 对于下列国家，请确定其最重要的（规模最大的）和最不重要的（规模最小的）外部融资来源：美国、德国、日本和加拿大。请评价这些国家融资来源的异同。
2. 如何使用规模经济来解释金融中介机构存在的原因？
3. 请解释为何约会（dating）可以作为减少逆向选择的方法。
4. 为什么金融中介机构愿意参与信息收集活动而金融工具的投资者却不愿意这样做呢？
5. 假设你前往当地银行准备用自己的积蓄购买一张存单，这时正好有一个人进入银行准备申请汽车贷款，请解释为什么你不愿意以一个高于银行存单利率的利率（但是低于银行汽车贷款利率）向这个人提供贷款。
6. 假设你正在申请贷款。银行工作人员告诉你，如果你得到贷款，银行将会保留房屋所有权直到你偿付完所有贷款。银行尝试解决的是什么信息不对称问题？
7. 假设你有两组国家的数据，一个国家有着有效的法律体系，另一个国家有着高成本、低效率的法律体系。你认为哪组国家的数据呈现更高的生活水平？
8. 你认为一国腐败程度和生活水平之间存在什么关系？请解释什么渠道的腐败可能影响生活水平。
9. 在将其一生的全部储蓄都投入其所经营企业的朋友和没有这样做的朋友中，你更愿意向谁提供贷款？为什么？
10. 政府可以采用何种方式减少信息不对称问题，以使金融体系平稳有效运行？
11. 信息不对称问题是如何导致银行恐慌的？
12. 2001年12月，阿根廷宣布不再兑付其主权（政府发行）债务。许多投资者持有的阿根廷债券大幅折价。几年后，阿根廷又宣布将会偿还其债务面值的25%。请说明信息不对称对于政府债券市场的影响。你认为投资者现在愿意购买阿根廷政府发行的债券吗？
13. 搭便车问题如何恶化了金融市场中的逆向选择和道德风险问题？
14. 假设在一个既定的债券市场里没有信息可以帮助潜在债券购买者区别债券。什么样的债券发行人会有动力去公开其公司的信息？请解释原因。
15. 标准化的会计准则如何促使金融市场更加有效地运行？
16. 潜在雇主邀请申请者参加面试时，哪些信息不对称问题是雇主试图去解决的？这样能解决信息不对称问题吗？
17. 为什么信息不对称问题的存在为金融市场的政府监管活动提供了一个理论基础？
18. "抵押支持贷款的抵押品越多，贷款者对于逆向选择的担心就越少"，这种表述是正确的、错误的还是不确定的？请解释原因。
19. 请解释美国公司的所有权和控制权分离如何导致管理不善。
20. 许多发展中国家的政策制定者都提出要仿照美国的存款保险制度实施自己国家的存款保险制度。请解释为什么这会使发展中国家的金融体系产生更多的问题。
21. 古斯塔沃生活在一个法律体系和金融体系相对都不是很有效的国家。他是一名医生。当古斯塔沃申请住房抵押贷款时，他发现银行通常要求提供价值为贷款金额300%的抵押品。请解释在这样的一个金融体系中，为什么银行要求提供如此高价值的抵押品。请说明这样一个体系对经济增长的影响。

应用题

提示：某一事件的数学期望值等于其概率加权平均，即每一可能结果乘以其发生概率的加总，请使用这一事实解答第22～25题。

22. 如果你准备在二手车市场中购买一辆二手车，并且决定前往二手车交易商处购买。你知道自己看中的这辆车的标价为20 000～24 000美元。如果你相信交易商对于这辆车的了解程度和你一样，那么你愿意出价多少来购买这辆车？为什么？假定你只关心这辆车的数学期望值，并且这辆车的价值是对称分布的。
23. 参照第22题，如果现在你相信交易商比你了解更多关于这辆车的信息，那么你愿意出价多少？为什么？在竞争性市场中如何才能解决这种信息不对称问题？
24. 你希望雇用罗恩来帮你管理你在达拉斯的公司，如下表所示，这家公司的利润部分取决于罗恩的工作努力程度。如果罗恩比较懒惰，他将会整天上网，并认为这没有任何机会成本。然而，罗恩把努力工作看作价值1 000美元的人力成本。你应该向罗恩支付多少固定比例的利润？假定罗恩只关心自己低于任何人力成本的预期薪水。

	利润概率（%）	
	利润=10 000美元	利润=50 000美元
懒惰	60	40
努力工作	20	80

25. 你拥有一座坐落在河边的价值400 000美元的房子。如果河流发生中等程度的洪水，你的房子将被完全损毁。中等程度的洪水大约50年一遇。如果你修建了堤

坝，河流只有发生严重洪水才能损毁你的房屋，这种严重洪水大概200年一遇。请问一种能提供全额保险的洪水险的年保费为多少？如果保险只能赔付房屋价值的75%，那么在修建堤坝和不修建堤坝的情况下，你的成本的数学期望值各是多少？不同的政策是否产生保障安全的激励（比如修建堤坝）？

参考答案

选择题

1.D；2.D；3.C；4.B；5.C；6.C；7.B；8.D；9.D；10.B；11.A；12.A；13.A；14.A

思考题

1. 答：将每个国家最重要的（规模最大的）外部融资来源列在前面，最不重要的（规模最小的）外部融资来源列在后面。

   美国：非银行贷款；股票。

   德国：银行贷款；债券。

   日本：银行贷款；股票。

   加拿大：银行贷款；股票。

   对美国来说，银行贷款并不是最重要的外部融资来源；但对除美国以外的其他国家来说，银行贷款在它们的整体外部融资来源中占据了相当大的份额，而股票和债券作为外部融资来源则没那么重要。

2. 答：金融中介机构可以利用规模经济的优势来降低交易成本。例如，由于共同基金的购买规模大于个人投资者，它们可以实现较低的交易成本；而银行的大规模交易也使他们能够保证每笔交易的法律成本和计算成本都比较低。规模经济使得金融中介机构能够降低交易成本，这就是金融中介机构会存在并且对经济如此重要的原因。

3. 答：当一对情侣约会时，他们能够明确地或隐晦地获得关于对方的重要信息。同时，他们也在分享关于自己的信息。这种信息的流动，有助于两个人对他们未来可能（或不可能）的共同生活做出更好的决定。我们可以认为，情侣间约会的过程与信贷员试图选择合适借款者的过程，在形式上并没有什么不同。

4. 答：从事信息收集的金融工具投资者面临着搭便车的问题，这意味着其他投资者可能会从他们的信息中获益，而不需要为此付费。因此，个人投资者没有足够的动力投入资源来收集发行证券的借款人的信息。金融中介机构则避免了搭便车的问题，因为它们向借款人提供私人贷款，而不是购买借款人发行的证券。所以，金融中介机构能从收集的信息中获得全部的利益，金融中介机构的信息收集活动是更加有利可图的。因此，相比于金融工具的投资者，金融中介机构更愿意参与信息收集活动。

5. 答：在你去银行的过程中，你可能会意识到，如果你购买了一张存单，你将得到1%或2%的年利率，而一个申请汽车贷款的人则需要支付7%或8%的年利率。一开始，你似乎很想提供4%的年利率的贷款，这将使你们两个人的情况都得到改善。然而，你可能还想更多地了解这个人，特别是他的净资产（以评估他偿还贷款的能力），或者他的信用记录（他之前是否存在贷款违约的情况）。这个过程对你来说可能会很耗时，而且成本很高。即使你决定参与这项交易，你可能也要写一份合同，以便在借款人违约时也能收回你的钱。如前所述，这种交易成本将是昂贵的。在处理信息不对称造成的逆向选择和道德风险问题上，当地银行的效率要比你高得多，所以你最好购买一份存单，从而避免与贷款相关的所有交易成本。

6. 答：银行正试图通过在房屋所有权上设置留置权来解决道德风险问题。一般来说，银行并不"保留房屋所有权"，而是在房屋上设置留置权，以防止房屋所有者在没有银行监督的情况下出售房屋。在这种情况下，银行希望确保你不会卖掉房子，防止你在拿到钱后停止偿还贷款。

7. 答：一般认为拥有更有效的法律体系的国家会呈现出更高的生活水平。法律体系是借贷过程中的一个重要部分，这是因为它是处理道德风险问题的合同执行机制的一部分。高成本、低效率的法律体系无法促进借贷，从而不能为投资机会提供资金支持。

8. 答：一国的腐败程度和生活水平呈负相关关系。腐败通常会阻碍投资，因为它破坏了法律体系。腐败盛行的国家很难去鼓励个人或公司对其进行投资。腐败通过损害法律体系的效率来降低生活水平，从而降低投资，而投资是经济增长的一个基本要素，也是提高生活水平的基础。

9. 答：你更愿意向这样的朋友提供贷款。因为，对于把毕生储蓄都投入其所经营企业的人来说，如果这个人承担了过高的风险或从事了不能带来更高利润的个人利益活动，这个人的损失会更大。所以，这个人的行为会更加符合贷款人的利益，使贷款更有可能得到偿还。

10. 答：政府可以生产有关借款人的信息并将其免费提供给投资者；可以要求借款人向投资者提供有关自己的真实信息；可以制定和执行管理金融机构行为的规则，使其不承担过高的风险。其中，政府针对银行的审慎监管包括：禁止某些风险过高的活动和资产类别；制定对银行的最低资本要求；要求银行向监管机构和投资者披露财务信息。

11. 答：银行提供的是私人贷款，并且有动力参与有关其贷款对象的信息生产活动，所以银行能够克服贷款中固有的逆向选择和道德风险问题，但银行储户自身仍面临着信息不对称的问题。储户并不像银行经理那样了解银行所承担的风险有多大，也不确定他们的存款是否安全以及银行是否有能力全额偿还。如果一些银行因为无力偿还存款而倒闭，这些银行的倒闭增加了所有储户面临的不确定性，储户缺乏必要的信息来确定自己的银行和存款是否安全。这种不确定性的增加，是信息不对称的结果，可能会导致银行挤兑，即储户争先恐后地在银行耗尽现金之前提取存款，在极端情况下，这可能会导致传染效应，即大量的银行在短时间内倒闭。

12. 答：信息不对称也存在于政府债券市场中。通常情况下，投资者会利用许多信息来源来了解特定政府的特征，从而评估其履行债务的能力或意愿。正如阿根廷的案例所表明的，有时这种信息的缺乏会导致债券持有人的巨大损失。从这方面来说，这一问题与投资者决定购买哪种公司债券没有明显的区别，尽管公司债券的信息更加标准化，使得投资者更容易对公司进行比较。阿根廷政府违约后，投资者只有在其补偿巨大的风险溢价的情况下，才会愿意购买阿根廷政府发行的债券，这使得阿根廷政府在债券市场上筹集资金的成本非常高。

13. 答：搭便车问题意味着私人信息生产者将无法从他们的信息生产活动中获得全部的利益，因此生产的信息将减少。这意味着，过少的信息收集将难以识别风险的高低，使逆向选择问题更加严重，同时对借款人的监督也将减少，从而增加道德风险问题。

14. 答：优质（低风险）债券发行人会有动力去公开它们公司的信息，而劣质（高风险）债券的发行人则不会。这是因为在信息被生产和公开之后，潜在的债券购买者能据此做出更明智的选择，使得劣质债券的发行人很可能最终得到一个比平均价格更低的价格。需要注意的是，在没有任何信息的市场中，每种债券都是以平均价格出售的。

15. 答：标准化的会计原则使得利润核查变得更加容易，从而减少了金融市场中的逆向选择和道德风险问题，使其更好地运行。一方面，标准化的会计原则可以让投资者更容易识别劣质公司，从而筛选出优质公司，进而减少金融市场的逆向选择问题。另一方面，标准化的会计原则使管理者不太可能对公司的利润进行高估或低估，从而减少道德风险问题中的委托-代理问题。

16. 答：雇主邀请申请者参加面试是为了解决逆向选择问题。雇主想更多地了解其潜在的员工，就像信贷员想更多地了解潜在的借款人一样。但正如贷款交易的情况一样，信息不对称问题并没有完全解决。因为在建立雇用关系后，员工和雇主间还需要解决道德风险问题。通常情况下，雇主试图通过薪酬计划来鼓励员工提供更多的劳动，以解决道德风险问题。

17. 答：由于存在信息不对称和搭便车问题，因此不能从金融市场上获取足够的信息。因此，政府有理由通过监管来鼓励信息生产，以便更容易地识别劣质的借款人，从而筛选出优质的借款人，减少逆向选择问题。政府还可以通过执行标准化的会计准则和惩罚欺诈行为来减少道德风险问题和改善金融市场的表现。

18. 答：正确的。当借款人的信用风险很高且濒临破产时，由于抵押品可以被出售以弥补贷款的任何损失，所以贷款人的损失较小。因此，此时的逆向选择并不是一个严重的问题。

19. 答：所有权和控制权的分离产生了委托-代理问题。经理人（代理人）并不像所有者（委托人）那样有强烈的动机来实现利润的最大化。因此，经理人可能会玩忽职守，也可能在个人福利上浪费开支，或者追求能够提高其个人权利但不增加公司利润的商业策略。

20. 答：将确保一国金融体系健全的监管框架从一个国家"复制粘贴"到另一个国家，这似乎是个好主意，但通常并非如此。发达国家和发展中国家的金融体系截然不同。实施存款保险制度，必然会导致金融中介机构的存款增加。然而，如果没有审慎的法规和监管制度来限制由存款保险制度所引发的道德风险问题，银行可能会承担比之前更多的风险，这显然不是一个理想的结果。实施存款保险制度后，其带来的道德风险问题的增加可能会抵消其避免银行挤兑所带来的好处，从而使发展中国家的金融体系产生更多的问题。

21. 答：对于在金融体系和法律体系都相对薄弱的国家中经营的金融中介机构来说，其在发放贷款时通常需要超额抵押品。在这些国家，如果借款人违约，银行收回其贷款的过程相当困难，成本高昂，而要求额外的抵押品可能会帮助银行更容易地收回贷款。实践中，这些国家的银行如果要求另外两套房子作为抵押品，在借款人违约的情况下，银行能够收回贷款的机会则更大。当然，这意味着能够获得抵押贷款的人也将更少（甚至那些信用风险极佳的人也被排除在外），因为要拿出高价值的抵押品是相当困难的（虽然有些人通常有父母作为担保人，但用父母的房子作为抵押品也是达不到银行要求的抵押品价值的）。在一些国家，低效的金融体系会使信贷的获得变得更加困难，但这也可能是由于低效的法律体系所导致的。低效的金融体系会导致经济增长率降低。有购房需求的人购房困难将导致住宅投资的支出减少。

应用题

22. 答：你会愿意支付平均价格。如果汽车价值的分布是对称的，你会愿意为一辆随机选择的汽车支付 22 000 美元。

23. 答：首先，你愿意支付平均价格：22 000 美元。然而，经销商会知道这一点，所以会卖给你一辆价值 20 000～22 000 美元的车；但你也会知道这一点，所以你只会支付 21 000 美元。以此类推，最后的结果是，你将支付 20 000 美元，而汽车的价值也正是 20 000 美元。这对你来说是可以接受的，但经销商则永远无法出售价值超过 20 000 美元的汽车。在竞争性市场中，解决信息不对称问题的方法是获得更多的信息，这些方法可能包括试驾、机械检查、保修等。

24. 答：设 P 为你支付给罗恩的利润的固定比例。如果罗恩比较懒惰，他的预期薪水是：

$$0.60 \times 10\,000P + 0.40 \times 50\,000P = 26\,000P$$

如果罗恩努力工作，他的预期薪水是：

$$0.20 \times 10\,000P + 0.80 \times 50\,000P - 1\,000 = 42\,000P - 1\,000$$

为了诱使罗恩努力工作，你需要：

$$42\,000P - 1\,000 = 26\,000P$$

$$16\,000P = 1\,000$$

$$P = 0.062\,5$$

因此，应向罗恩支付略高于 6.25% 的利润，这应该能促使他努力工作。

25. 答：第 1 种情况，有全额保险，分析过程如下所示。

没有堤坝，预期损失为

$$400\,000 \times 0.02 = 8\,000\,(\text{美元})$$

在有堤坝的情况下，预期损失为

$$400\,000 \times 0.005 = 2\,000\,(\text{美元})$$

保险公司将收取预期损失作为保费。在这两种情况下，你每年的预期成本就是保费。

第 2 种情况，有部分保险，分析过程如下所示。

没有堤坝，预期损失为

$$300\,000 \times 0.02 = 6\,000\,(\text{美元})$$

在有堤坝的情况下，预期损失为

$$300\,000 \times 0.005 = 1\,500\,(\text{美元})$$

保险公司将收取预期损失作为保费。你每年的预期费用可以分为没有堤坝时和有堤坝时两种情况。

没有堤坝时：

$$[0.02×（300\,000-400\,000）+0.98×0]-6\,000=-8\,000（美元）$$

有堤坝时：

$$[0.005×（300\,000-400\,000）+0.98×0]-1\,500=-2\,000（美元）$$

这两种保险政策并没有好坏之分。虽然部分保险的保费较低，但每年的预期费用与全额保险相同。不论在哪种情况下，如果建造和维护堤坝的成本低于6 000美元/年，你就会建造堤坝。

第 9 章

银行业与金融机构管理

选择题

1. 以下哪项陈述是真实的？_____。
   - (A) 一家银行的资产是其资金的来源
   - (B) 一家银行的资金的用途是其负债
   - (C) 一家银行的资产负债表显示，总资产等于总负债加权益资本
   - (D) 一家银行的资产负债表能够表明该银行是否盈利

2. 在银行的资产负债表上，以下哪项被认为是负债？_____。
   - (A) 准备金
   - (B) 支票存款
   - (C) 消费者贷款
   - (D) 在其他银行的存款

3. 银行持有比例最大的证券包括_____。
   - (A) 国库券和政府机构证券
   - (B) 免税的市政证券
   - (C) 州和地方政府证券
   - (D) 公司证券

4. 以下哪些是银行资产？_____。
   - (A) 银行拥有的建筑物
   - (B) 贴现贷款
   - (C) 可转让定期存单
   - (D) 客户的支票账户

5. 一般来说，银行通过出售_____负债和购买_____资产来获利。
   - (A) 长期；短期
   - (B) 短期；长期
   - (C) 流动性不足的；流动性充足的
   - (D) 风险；无风险

6. 当新储户在第一国民银行开立支票账户时，该银行的资产_____及其负债_____。
   (A) 增加；增长
   (B) 增加；减少
   (C) 减少；增长
   (D) 减少；减少

7. 当 100 万美元存入银行时，要求的准备金率为 20%，银行选择不持有任何超额准备金，而是用其放贷，则在银行的最终资产负债表中，_____。
   (A) 银行的资产增加了 80 万美元
   (B) 银行的负债增加了 100 万美元
   (C) 银行的负债增加了 80 万美元
   (D) 准备金增加了 16 万美元

8. 如果一家银行有 100 000 美元的支票存款，要求的准备金率为 20%，并且持有 40 000 美元的准备金，那么在不改变其资产负债表的情况下，它可以维持的最大存款流出量是_____。
   (A) 30 000 美元
   (B) 25 000 美元
   (C) 20 000 美元
   (D) 10 000 美元

9. 当银行流出 500 万美元存款时，会立即_____。
   (A) 减少存款和准备金 500 万美元
   (B) 减少存款和贷款 500 万美元
   (C) 减少存款和证券 500 万美元
   (D) 减少存款和资本 500 万美元

10. 长期的客户关系_____了信息收集的成本，并使_____信用风险更加容易
    (A) 减少；筛选
    (B) 增加；筛选
    (C) 减少；增长
    (D) 增加；增长

11. 如果一家银行希望监控其借款人的支票支付行为，从而减少道德风险，那么它将要求借款人_____。
    (A) 在借款人董事会中任命一名银行职员
    (B) 在银行董事会中任命一名公司职员
    (C) 在银行的支票账户中保留补偿性余额
    (D) 购买银行的定期存单

12. 其他条件保持不变，如果一家银行的负债比其资产对利率波动更敏感，那么利率的_____将_____银行利润。
    (A) 上升；增长
    (B) 上升；减少
    (C) 下降；减少
    (D) 下降；不影响

13. 假设第一国民银行资产的平均久期为 4 年，而其负债的平均久期为 3 年，那么利率增加 5% 将使第一国民银行的净资产_____，变动值达到原始资产总值的_____。
    (A) 下降；5%
    (B) 下降；10%

(C) 下降；15%　　　　　　　　(D) 增加；20%

14. 以下哪项不是备用信贷额度的示例？_____。

    (A) 贷款承诺　　　　　　　　(B) 透支特权

    (C) 备用信用证　　　　　　　(D) 抵押贷款

15. 涉及证券担保和备用信贷额度的表外业务_____。

    (A) 对银行面临的风险没有影响　　(B) 大大降低了银行面临的风险

    (C) 增加了银行面临的风险　　　　(D) 略微降低了银行面临的风险

思考题

1. 为什么银行有时愿意以比向联邦储备体系借款更高的利率从其他银行借取资金？
2. 按照流动性的高低，排列下述银行资产：（a）商业贷款；（b）证券；（c）准备金；（d）固定资产。
3. 你拥有银行的资产负债表的相关情况如下表所示：

资产		负债	
准备金	7 500 万美元	存款	50 000 万美元
贷款	52 500 万美元	银行资本	10 000 万美元

    如果有 5 000 万美元的存款流出，而存款的法定准备金率为 10%，你应当采取什么行动防止银行倒闭？

4. 如果发生了 5 000 万美元的存款流出，银行愿意有哪一种初始资产负债表情况，是像第 3 题中所示的那样？还是像下面的资产负债表所示的那样？原因是什么？

资产		负债	
准备金	10 000 万美元	存款	50 000 万美元
贷款	50 000 万美元	银行资本	10 000 万美元

5. 如果经济中没有出现合适的借贷机会，而中央银行对准备金支付的利率与其他低风险投资相似，你认为银行愿意持有大量的超额准备金吗？

6. 如果你的银行已经没有超额准备金，此时一位信誉良好的客户来到银行要求贷款，那么你是否应该简单地回绝这位客户，并且向他解释银行已没有超额准备金来发放贷款？请说明原因。如果你打算满足这位客户的需求，那么有哪些方法可供选择？

7. 如果一家银行发现它持有的资本太多，从而导致其股权收益率过低，该银行将采取什么行动来提高股权收益率？

8. 如果一家银行的资本规模比法定资本规模的要求少了 100 万美元，那么它可以采取哪三种方法来改变这种状况？

9. 相比于资产收益率，为什么股东更关心股权收益率？
10. 如果一家银行将其资本规模增加一倍，而其资产收益率保持不变，那么它的股权收益率将会如何？
11. 当一家银行决定增加其资本规模时，其带来的收益和成本各是什么？
12. 为什么银行家必须具有无所不问的特质？
13. 银行几乎总是要求其发放贷款的企业在银行保持一定的补偿性余额，原因是什么？
14. 如果一家银行的行长告诉你，其所在银行的经营状况良好，在面对存款外流时，该银行不需要提前收回贷款、出售证券或者进行借款。那么你愿意购买这家银行的股票吗？请解释原因。
15. "多样化是规避风险的有效战略，因此银行专注于提供某一类型的贷款总是没有道理的"，这种观点是正确的、错误的还是不确定的？请解释原因。
16. 如果你是一位银行家，并且预期未来利率将会上升，那么你愿意发放短期贷款还是长期贷款？
17. "银行经理应该追求实现其资产的最高收益"，这种论述是正确的、错误的还是不确定的？请解释原因。
18. 2010年7月后，使用借记卡的银行客户必须明确选择是否加入银行的透支保护计划。请解释这项规定对银行非利息收入的影响。

应用题

19. 使用第一国民银行和第二国民银行的T账户描述下述情况：简·布朗对其在第一国民银行的账户签发一张50美元的支票，用来给她的朋友乔·格林付款，而后者又把这张支票存入她在第二国民银行的账户上。
20. 如果某人从第一国民银行提取了1 000美元现金，而另一个人又向该银行存入500美元现金，那么第一国民银行的准备金发生了何种变化？试用T账户说明你的解答。

第21题和第22题都是关于一家新银行首月经营状况的问题。

21. 安格斯银行没有超额准备金但是符合准备金要求。存款准备金率为9%，准备金现在有2 700万美元。存款流出造成500万美元准备金短缺，如果安格斯银行从联邦基金市场借款（假设联邦基金利率为0.25%），请确定存款金额。
22. 超额准备金作为存款流出的保险。假设马尔科姆银行每年拥有1 200万美元的超额准备金和8 800万美元的存款准备金，以每年3.5%的贷款利率偿付0.2%的（总）准备金利息。保险政策的成本是多少？

23. 维克多银行的报告中权益乘数为25，而巴托维银行的股权乘数为14。哪家银行能够更好地应对大额贷款损失？

24. 假定你是一家银行的经理，该银行拥有1 000亿美元的平均久期为4年的资产和900亿美元的平均久期为6年的负债，对于这家银行进行久期分析，并且说明当利率上升2%后，该银行的净值将发生什么变化？你能采取什么措施来减少银行的利率风险？

25. 假定你是一家银行的经理，该银行拥有1 500万美元的固定利率资产、3 000万美元的利率敏感型资产、2 500万美元的固定利率负债以及2 000万美元的利率敏感型负债。对这家银行进行缺口分析，并且说明如果利率上升5%该银行的利润会受到怎样的影响。你能采取什么措施来减少银行的利率风险？

参考答案

选择题

1.C；2.B；3.A；4.A；5.B；6.A；7.B；8.B；9.A；10.A；11.C；12.B；13.A；14.D；15.C

思考题

1. 答：因为如果银行向美联储的借款过于频繁，美联储可能会限制其今后的借款能力。

2. 答：将上述银行资产按照流动性由高到低排列，可得到：c、b、a、d。

3. 答：5 000万美元的存款流出意味着银行的准备金减少了5 000万美元，变成了2 500万美元。由于银行所需的准备金为4 500万美元（4.5亿美元存款的10%），其需要再获取2 000万美元的准备金。你可以通过以下方式来获取准备金，以防止银行倒闭：收回或卖出2 000万美元的贷款；向美联储借入2 000万美元的贴现贷款；从其他银行或公司借入2 000万美元；出售2 000万美元的证券；将前面的方法组合使用以获取2 000万美元的准备金。

4. 答：银行更愿意拥有本题中所示的资产负债表，因为在它因存款流出而损失5 000万美元后，银行仍持有500万美元的超额准备金：5 000万美元的准备金减去4 500万美元的法定准备金（45 000万美元存款的10%）。因此，银行将不必进一步改变其资产负债表，也不会因存款流出而产生任何成本。相比之下，在第3题的资产负债表中，银行将产生2 000万美元的准备金缺口（2 500万美元的准备金减去所需的4 500万美元的准备金）。在这种情况下，银行通过第3题中描述的方法筹集必要的准备金时将产生成本。

5. 答：银行愿意持有大量的超额准备金。这正是2007年开始的全球金融危机爆发期间所发生的事情。美联储宣布它将在2008年9月支付准备金利息（IOR），银行愿意持有更多的超额准备金。这是因为超额准备金相比其他风险投资的风险低，而且尽管IOR非常低，但它与其他利率非常低的安全投资品种比如国库券的利率相当。

6. 答：不应该。当你拒绝一个客户时，你可能会永远失去这个客户的业务，这将付出昂贵的代价。相反，你可以向其他银行、公司或美联储借款以获得资金，这样你就可以向客户提供贷款。你也可以出售一些银行持有的大额可转让定期存单或证券来获取必要的资金。

7. 答：为了降低资本和提高股权收益率，在保持资产不变的情况下，这家银行可以支付更多的股利或回购一些股票。或者，这家银行可以保持资本不变，但是获取新的资金，然后通过寻求新的贷款业务或用这些新资金购买更多的证券来增加其资产总量。

8. 答：第一种方法是通过发行新股筹集100万美元的资本。第二种方法是减少100万美元的股利支付，从而增加100万美元的留存收益。第三种方法是减少银行的资产总额，使其资本额相对于其资产总额增加，从而满足资本要求。

9. 答：因为股权收益率反映了股东股权投资的收益，而资产收益率只能代表银行的资产管理情况。

10. 答：这家银行的股权收益率将下降一半。

11. 答：这样做的收益是，银行现在有更多可用于缓冲的资本，所以，当其贷款或其他资产出现损失时，则不太可能破产。相应的成本是，在相同的资产收益率下，它的股权收益率会更低。

12. 答：为了减少逆向选择，银行家必须通过了解所有关于潜在借款人的信息来识别其潜在的信用风险。同样，为了减少道德风险，银行家必须一直监督借款人，以确保他们遵守限制性贷款协议。因此，银行家具备无所不问的特质是有好处的。

13. 答：补偿性余额可以作为抵押品。要求企业保持一定的补偿性余额，这有助于建立长期的客户关系，银行更容易收集关于潜在借款人的信息，从而减少逆向选择问题。要求企业保持一定的补偿性余额有助于银行监测借款公司的活动，从而防止借款公司承担过多的风险，这并不是为了银行的利益。

14. 答：不愿意。因为这家银行的行长没有将银行管理得很好。这家银行从未因存款外流而产生过成本，这意味着这家银行持有大量的准备金，而这些准备金并不能赚取任何利息。因此，这家银行的利润很低，这家银行的股票也不是一项好的投资。

15. 答：错误。尽管多样化是银行的一个理想战略，但银行专注于提供某些类型的贷款可能仍是有意义的。例如，一家银行可能已经在筛选和监测某类贷款的借款人方面形成了专长，从而提高了其处理逆向选择和道德风险问题的能力。

16. 答：我愿意发放短期贷款。这样，当这些贷款到期时，我将能够以更高的利率发放新的贷款，这将为银行带来更多收入。

17. 答：错误。如果一项资产有很高的风险，银行经理可能并不想持有它，即使它的收益率比其他资产更高。因此，银行经理在决定是否持有一项资产时，既要考虑风险，也要考虑预期收益。

18. 答：在这一规定出台前，客户会自动加入银行的透支保护计划。这意味着，即使资金不足，借记卡交易也会被批准。然而，这种交易需要向银行支付一定费用，许多客户支付的费用超过了交易的价值。在这一规定出台后，客户必须明确选择是否加入透支保护计划。由于许多客户没有选择加入，这对银行的非利息收入产生了负面影响。

应用题

19. 答：两家银行的 T 型账户如下表所示：

第一国民银行

资产（美元）	负债（美元）
准备金 −50	支票存款 −50

第二国民银行

资产（美元）	负债（美元）
准备金 50	支票存款 50

20. 答：准备金减少了 500 美元，第一国民银行的 T 型账户如下表所示：

第一国民银行

资产（美元）	负债（美元）
准备金 −500	支票存款 −500

21. 答：存款 = 2 700 万 /0.09 = 30 000 万美元。准备金短缺的计算方法是用存款流出后的常备储备金减去存款流出后的必要准备金，准备金短缺为 2 200 万 −29 500 万 × 0.09 = −455 万美元。安格斯银行必须要借 455 万美元，向美联储借款将使安格斯银行损失达到 0.002 5 × 455 万 = 11 375 美元。⊖

⊖ 英文答案为 0.002 5 × 4.5 = 11 250 美元，此处稍作更正。

22. 答：保险政策的成本是银行放弃的利息收入 1 200 万 × 0.035 = 42 万美元，减去超额准备金支付的利息 = 1 200 万 × 0.002 = 2.4 万美元。因此，持有 1 200 万美元超额准备金的年度成本为 39.6 万美元。㊀

23. 答：维克多银行的权益资本占资产的比例为 1/25 = 4%，而巴托维银行为 1/14 = 7.14%。因此，巴托维银行的资本状况比维克多银行好，更适合承担大额贷款损失。

24. 答：资产价值下降了 80 亿美元（1 000 亿 × −2% × 4），而负债价值下降了 108 亿美元（900 亿 × −2% × 6），因为负债价值比资产价值多下降了 28 亿美元，所以银行的净资产增加了 28 亿美元。可以通过缩短负债的期限至 4 年或延长资产的期限至 6 年来降低利率风险。或者，你可以进行利率互换，将你所在银行的资产所赚取的利息与另一家银行的 6 年期资产的利息进行互换。㊁

25. 答：缺口为 1 000 万美元（3 000 万美元的利率敏感型资产减去 2 000 万美元的利率敏感型负债），所以，利率上升会使银行利润增加 50 万美元（5% × 1 000 万）。可以通过增加利率敏感型负债到 3 000 万美元或减少利率敏感型资产到 2 000 万美元来降低利率风险。另外，还可以进行利率互换，将 1 000 万美元的利率敏感型资产的利息换成另一家银行 1 000 万美元的固定利率资产的利息。

㊀ 英文答案为 12 × 0.002 = 2 万美元，此处稍作更正。
㊁ 答案有错，题目是 billion，答案写的是 million。

第 10 章

金融监管的经济学分析

选择题

1. 信息不对称与银行监管中，储户缺乏有关银行资产质量的信息会导致_____。
   - （A）银行恐慌
   - （B）银行繁荣
   - （C）排队提取存款
   - （D）资产转移

2. 由于信息不对称，一家银行的倒闭可能导致其他银行挤兑，这是_____。
   - （A）"大而不倒"效应
   - （B）道德风险问题
   - （C）逆向选择问题
   - （D）传染效应

3. 美国在 20 世纪 20 年代的经济繁荣时期，银行破产情况符合以下哪种情况？_____。
   - （A）不常见，平均每年少于 30 起
   - （B）不常见，平均每年少于 100 起
   - （C）常见，平均每年约 600 起
   - （D）普遍，平均每年 1 000 起

4. 道德风险是设置保险的重要因素，因为保险的设立可以_____。
   - （A）增加冒险的动机
   - （B）阻碍有效的风险承担
   - （C）导致被保险活动的私人成本增加
   - （D）导致逆向选择问题，但不会导致道德风险问题

5. 当技术不佳的驾驶员排队购买碰撞保险时，汽车保险公司将受到_____问题的影响。
   - （A）道德风险
   - （B）逆向选择

(C) 分配风险 (D) 不良排队

6. 存款人和任何出借人一样，只收到固定的付款，银行保留盈余利润。存款人面临_____问题，银行可能承担_____的风险。

(A) 逆向选择，更少 (B) 逆向选择，更多
(C) 道德风险，更少 (D) 道德风险，更多

7. 如果一家资本充足的金融机构倒闭，它会损失得_____，因此它_____从事高风险活动。

(A) 更多，更可能 (B) 更多，更不可能
(C) 更少，更可能 (D) 更少，更不可能

8. 银行的表外活动可能会导致_____。

(A) 在不增加风险的情况下产生费用收入
(B) 增加银行风险，但不增加收入
(C) 产生手续费收入，但增加银行的风险
(D) 产生费用收入，降低风险

9. 在相同的资本金要求下，将高风险资产保留在银行账面上，同时剔除低风险资产的做法被称为_____。

(A) 松懈的竞争 (B) 储户监督
(C) 监管套利 (D) 双重银行体系

10. 当前对银行风险管理的监管符合以下哪个特征？_____。

(A) 关注银行资产负债表的质量 (B) 确定是否满足了资本要求
(C) 评估银行风险管理过程的稳健性 (D) 专注于消除所有风险

11. 银行之间的竞争会导致_____。

(A) 鼓励更大的冒险 (B) 鼓励保守的银行管理
(C) 增加银行盈利能力 (D) 消除了政府监管的必要性

12. 减少银行间竞争的规定包括_____。

(A) 设立分支机构的限制 (B) 银行准备金要求
(C) 授予银行执照的双重制度 (D) 利率上限

思考题

1. 为什么说存款保险制度和其他类型的政府安全网对经济的健康运行很重要？
2. 如果意外伤害保险公司提供的火灾保险不受任何规定的限制，这将会导致什么样的道德风险和逆向选择问题？

3. 你认为消除或减少存款保险金额是一个好主意吗？为什么？
4. 对于那些持有更具风险性资产的银行来说，缴纳更高的存款保险保费对经济运行有什么益处？
5. "大而不倒"政策具有哪些利弊？
6. 假设你在一家银行有 300 000 美元的存款，经过仔细思考后，联邦存款保险公司宣布这家银行破产。你会愿意联邦存款保险公司采取什么方法来处理这家破产的银行？如果你的存款是 200 000 美元呢？
7. 如果在一个制度薄弱、腐败流行、金融部门监管不力的国家，你会接受哪种存款保险制度？
8. 2008 年 10 月，正值金融危机顶峰，美联储要求美国九大银行向国家出售优先股权以接受资本注资，尽管这其中部分银行既不需要资金也并不想参与。美联储此举意欲何为？
9. 表外资产活动给银行监管部门带来哪些问题，监管部门又是如何应对的？
10. 《巴塞尔协议Ⅰ》和《巴塞尔协议Ⅱ》的局限性是什么？《巴塞尔协议Ⅲ》是如何解决上述问题的？
11. 银行的注册制度是如何减少逆向选择问题的？这些方法总是有效吗？
12. 为什么银行监管重点逐渐由资本要求转向风险管理？
13. 假设在一些合并收购后，有一家银行拥有美国 70% 的存款。你会称这个银行"大而不倒"吗？这告诉了你关于财务合并和政府安全网的什么进展？
14. 假设联合银行拥有 1 亿美元的资产（见下表，单位：100 万美元）：

所需准备金 10	公司债券 15
超额准备金 5	股票 25
贷款 20	大宗商品 25

a. 你认为银行将股票、公司债券和大宗商品作为资产进行持有有什么好处？为什么？

b. 若住房市场突然受到冲击，联合银行应该用哪种会计制度，市场法还是历史价值法？

c. 若大宗商品的价格突然上涨，联合银行应该用哪种会计制度，历史价值法还是市场法？

d. b、c 两问的答案能告诉你这两种会计制度的优劣吗？

15. 为什么在金融市场中鼓励有更多的竞争会是一个坏主意？限制竞争会是一个好主意吗？为什么？

16. 消费者保护法如何对金融中介机构的利润产生消极影响？你能思考出这个法案的积极影响吗？

应用题

17. 考虑一家破产银行。如果联邦存款保险公司采用收益法，那35万美元的存款价值是多少？用购买与假设方法呢？哪种方法对纳税人来说成本更高？

18. 现有一家银行的资产负债表如下表所示：

资产（万美元）		负债（万美元）	
所需准备金	1 700	支票存款	20 500
超额准备金	300	银行资本	1 000
市政债券	6 500		
住宅抵押贷款	7 000		
商业贷款	6 000		

银行对一个商业客户做出了1 000万美元的贷款承诺。计算银行在合约前后的风险加权资产和总风险加权资产。

第19～21题和 Oldhat Financial 的一系列交易相关。

19. Oldhat Financial 以900万美元资本开始第一天的运行，收到1.3亿美元的支票。银行发放了2 500万美元的贷款，以及下列条款的5 000万美元按揭贷款：200标准，30年，固定名义年利率5.25%，每年25万美元的按揭贷款。

    假设准备金率为8%：

    a. 给出银行资产负债表。

    b. 该银行的资本充足率如何？

    c. 计算银行第一天后的总风险加权资产和风险加权资本比率。

20. 第二天早些时候，银行把5 000万美元的超额储备金投资到按揭贷款中。这一天晚些时候，按揭贷款市场受不良消息冲击，按揭贷款利率飙升至13%，公司每一按揭贷款的当前现值为124 798美元。银行监管机构要求银行出售按揭贷款以补足公允价值。银行的资产负债表是什么样的？此事件如何影响银行的资本情况？

21. 为了避免无法清算，监管机构决定向银行提供2 500万美元的银行资本。然而，关于按揭贷款的坏消息见诸当地报纸，造成挤兑，导致3 000万美元存款被取出。解释资本注入和银行挤兑对资产负债表的影响。资本注入是否足够使银行稳健经营？如果监管者认为银行需要10%的资本比率来抵御挤兑，还需要多少资本注入？

参考答案

选择题

1.A；2.D；3.C；4.A；5.B；6.D；7.B；8.C；9.C；10.C；11.A；12.A

思考题

1. 答：政府安全网可以缩短银行挤兑和银行恐慌的时间，并克服储户不愿将资金投入银行体系的心理。这有助于消除传染效应，防止在银行恐慌的情况下，优质银行和差银行都可能破产。如果储户对银行体系缺乏信心，这种恐慌可能导致金融体系崩溃，并严重抑制投资和经济增长。

2. 答：会有逆向选择问题，因为那些可能为了个人利益而烧毁自己财产的人会积极地尝试获得大量的火灾保险。道德风险也可能发生，因为买了火灾保险的人很少有动力采取措施防止火灾的发生。

3. 答：取消或限制存款保险金额将有助于减少银行过度冒险所带来的道德风险。然而，这将使银行倒闭和恐慌更有可能发生，因此这不是一个非常好的主意。

4. 答：经济将受益于道德风险的降低。也就是说，银行不愿承担太多风险，因为这样做会增加它们的存款保险保费。但问题是，相关部门很难监测银行资产的风险程度，因为往往只有发放贷款的银行知道这些资产的风险有多大。

5. 答："大而不倒"政策的好处在于降低了银行出现恐慌的可能。其代价在于增加了大银行的道德风险问题，这些大银行知道，储户没有监管银行冒险行为的动机。此外，这是歧视小银行的不公平政策。

6. 答：如果你在那家倒闭的银行存了300 000美元，那么联邦存款保险公司采用购买与假设的方法会更好。这样，银行永远不会关门，你也不会损失一分钱。如果使用了这种支付方式，你将得到一张250 000美元的支票，但必须等上几年，才能从剩下的5万美元中每1美元获得大约90美分。如果你的余额是20万美元，你对联邦存款保险公司将使用什么方法来处理这家破产的银行是无所谓的。

7. 答：你可能不会建议在一个制度薄弱、腐败流行、金融部门监管不力的国家采用存款保险制度。不实施这一制度的主要原因是，虽然这一制度可以解决银行挤兑问题，但它可能导致道德风险激励银行从事高风险贷款。降低风险贷款的道德风险激励需要严格的金融监管，这需要强大且诚实的监管机构。

8. 答：如果不需要或不希望获得注资的银行不会被迫接受注资，那么只有最弱的银行才会获得所需的注资，以避免资不抵债。这可能会引发对这些银行的挤兑，进而加速它们的资不抵债问题，并对金融体系的其他部门造成传染效应，损害所有银行。通过迫使所有银行接受资本，有助于减少向最弱银行的投资者和债权人发出不必要的不利信号。

9. 答：由于表外资产活动没有出现在银行的资产负债表上，它们无法通过简单的银行资本要求来处理，而银行资本要求是基于银行资产的，比如杠杆率。为了解决这个问题，银行业监管机构强加了一项基于风险的额外银行资本金要求，要求银行为不同种类的表外资产活动预留额外的银行资本金。

10. 答：最初的巴塞尔协议考虑了资本的风险，但在实践中，风险权重可能与银行实际面临的风险有很大差异。《巴塞尔协议Ⅱ》就是为了解决这一限制而制定的。然而，解决这些不足之处大大增加了协议的复杂性，各国在通过和执行规章方面出现了很大的拖延。更具体地说，《巴塞尔协议Ⅱ》没有要求银行持有足够的资本以度过金融危机。此外，风险权重取决于信用评级，这可能是不可靠的，特别是在金融危机中。此外，《巴塞尔协议Ⅱ》暗示了顺周期资本要求，而逆周期资本要求将更加谨慎。此外，没有充分重视流动性的需要，而流动性在金融危机期间尤其必要。《巴塞尔协议Ⅲ》试图通过提高资本要求的质量和数量、降低资本要求的顺周期性、建立使用信用评级的规则、要求企业获得更稳定的资金以增加流动性来解决这些不足。

11. 答：银行注册制度中的特许审查有助于减少逆向选择问题，因为审查新银行的过程可以防止有高风险倾向的企业家和骗子控制银行。但这并不总是有效的，因为有高风险倾向的企业家和骗子有动机隐藏他们的真实意图，因此一些治理不佳的银行也可能通过特许审查。

12. 答：随着新的金融工具的出现，健康的银行可能因这些工具的高风险交易而在某个特定时间点极快地陷入破产。因此，关注某一时间点的银行资本可能无法有效地判断一家银行是否会在不久的将来承担过多的风险。因此，为了确保银行不会承担过多的风险，银行监管机构现在更加关注银行的风险管理程序是否能防止银行过度冒险，而过度冒险可能会增加未来银行倒闭的可能性。

13. 答：如果只有一家银行持有美国 70% 的存款，那么如果这家银行倒闭，那将是一场金融灾难。我们可以期待联邦存款保险公司和任何其他主管部门尽一切努力防止这家机构破产。然而，随着银行不断合并（其结果是银行数量减少但规模增加），这正是监管机构未来可能不得不面对的问题。如何处理庞大金融机构的问题以及它们的倒闭可能对经济造成的潜在负面影响，对于目前和未来的金融监管来说，这都是一个真正的挑战。

14. 答：a. 可能不会有好处。由于这些资产的风险相对较高，银行会受到这些资产价值波动的影响，波动可能很大。这可能导致其资产价值大幅下降，以致无法再支付其即期负债，从而资不抵债。正是出于这个原因，政府对金融机构可以持有的资产类型和数量进行了限制。

b. 如果房地产市场崩溃，很多抵押贷款很可能会违约，这些贷款的抵押品价值（房子的市场价格）将急剧下降。如果不良贷款的抵押品是按历史价值法计算的，那么这些抵押品的价值可能会远远高于当前或近期的价值。因此，在历史法的会计制度下，银行的表面资本状况会更好。

c. 如果大宗商品价格飙升，这将导致银行资产价值显著增加。在这种情况下，按市场法估值会更好。为这些商品支付的原始价格会更低，因此历史价值法所显示的资本状况将低于商品当前实际清算价值所反映的资本状况。

d. 尽管按市场法计价的规则可能更有效，因为市场法通常能更准确地反映银行的资本状况，但在2007~2009年金融危机期间经历的严重衰退中，市场法可能会通过降低抵押品的价值，使人们获取流动性更加困难，从而使金融市场进一步恶化。另一方面，利用历史价值法可以为银行提供更多的资本稳定性。然而，如前所述，历史价值法的基础往往不能准确刻画银行的资本状况。

15. 答：随着金融市场竞争的加剧，利润减少的公司越来越多。因此，金融公司有更大的动力去承担更高的风险，以努力增加利润。尽管限制竞争会降低金融公司冒险的动机，但这可能不是完全有益的。较低的竞争可能会导致金融公司向消费者收取更高的费用，并降低银行机构的效率。

16. 答：一般来说，消费者保护法确保向潜在借款人披露所有相关信息（包括贷款成本和条件），并禁止歧视贷款人。对金融中介机构来说，遵守这些规定可能会付出高昂的代价（比如，如果金融中介机构只向更富有的潜在借款人放贷，就会导致信息披露和失去机会），从而对金融中介机构的利润产生负面影响。但是，通过披露信息而不是歧视，金融中介机构可能会吸引更多的潜在客户通过公平机会获得贷款。

应用题

17. 答：对于收益法，储户在25万美元以上的存款中，每1美元只能获得约0.90美元。因此，35万美元只值34万美元（25万美元 + 10万美元 × 0.90美元）。

对于购买与假设法，银行被完全吸收，所有账户都是其全部价值，因此35万美元的存款仍然是35万美元。由于无论使用哪种方法，存款保险的回收率通常是相同的，但在购买与假设法中，存款保险的支出更多，购买与假设法比收益法花费纳税人更多的钱。

18. 答：准备金的权重为零。所以，2 000万美元的权重为零。市政债券和住宅抵押贷款占 50% 的比重。风险加权资产 = 1.35 亿美元 × 0.5 = 6 750 万美元。商业贷款占 100% 的比重。风险加权资产 = 6 000 万美元。

总风险加权资产 = 6 750 万美元 + 6 000 万美元 = 1.275 亿美元。

19. 答：相关信息如下表所示。

a.

资产（万美元）		负债（万美元）	
所需准备金	1 040	支票存款	13 000
超额准备金	5 360	银行资本	900
商业贷款	7 500		

b. 该银行资本充足率为 9/139 = 6.47%

c. 准备金的权重为零。因此，6 400 万美元的权重为零。住宅抵押贷款占 50% 的权重，这意味着有 2 500 万美元的风险加权资产。商业贷款的权重为 100%，这意味着还有 2 500 万美元的风险加权资产。因此，总风险加权资产为 5 000 万美元。该银行风险加权资本比率 = 900 / 5 000 = 18%。

20. 答：出售每项按揭贷款的记录如下表所示：

负债（美元）		信用资产（美元）	
所需准备金	124 798	按揭贷款	250 000
超额准备金	125 202		

事后，实际资产负债表如下表所示：

资产（万美元）		负债（万美元）	
所需准备金	1 040	支票存款	13 000
超额准备金	2 860	银行资本	−1 600
商业贷款	7 500		

银行处于资不抵债的状态。

21. 答：相关信息如下表所示。

资产（万美元）		负债（万美元）	
所需准备金	800	支票存款	10 000
超额准备金	2 600	银行资本	900
商业贷款	7 500		

该银行现在的资本充足率为 900/10 900 = 8.3%，能保证银行稳健经营。随着银行挤兑，可开支票的存款下降到 1 亿美元。为了使银行资本充足率达到 10%，必须是 0.10 = BC/（10 000 + BC），其中 BC 表示银行资本的要求水平。解出 BC，为 1 110 万美元。因此，监管机构需要再注入 210 万美元，以达到 10% 的资本充足率。

第 11 章

银行业：结构与竞争

选择题

1. 银行体系中对整个经济体中的资金和信贷供给负责的是哪个政府机构？_____。
   - （A）中央银行
   - （B）商业银行
   - （C）结算银行
   - （D）货币基金

2. 美国形成的银行监管体系包括州一级、国家一级，或两者兼有，这被称为_____。
   - （A）双边监管体系
   - （B）分级监管体系
   - （C）两层监管体系
   - （D）双重银行体系

3. 随着联邦存款保险公司的成立，美国联邦储备系统的成员银行_____为其储户购买存款保险，而非会员商业银行_____为其储户购买存款保险。
   - （A）可以选择，被要求
   - （B）可以选择，可以选择
   - （C）被要求，可以选择
   - （D）被要求，被要求

4. 利率风险上升会导致什么现象？_____。
   - （A）增加金融创新的成本
   - （B）增加对金融创新的需求
   - （C）降低了金融创新的成本
   - （D）减少对金融创新的需求

5. 刺激金融创新供给条件变化的最重要来源是_____。
   - （A）放松对金融机构的管制
   - （B）利率波动的急剧增加
   - （C）信息技术的改进
   - （D）外国银行竞争的急剧增加

6. 2008年之前，银行持有准备金的成本与_____是相等的。

   （A）存款支付的利息乘以准备金金额

   （B）存款支付的利息乘以存款的金额

   （C）贷款利息乘以贷款金额

   （D）贷款利息乘以准备金金额

7. 以下哪项是降低银行成本优势的最重要发展？_____。

   （A）垃圾债券市场的增长　　　（B）来自货币市场共同基金的竞争

   （C）证券化的增长　　　　　　（D）商业票据市场的增长

8. 传统银行业在国际上的衰落可以归因于_____。

   （A）监管的加强　　　　　　　（B）信息技术的改进

   （C）银行对储户垄断权力的增加　（D）对竞争保护的增加

9. 以下哪项关于银行控股公司的陈述是正确的？_____。

   （A）银行控股公司拥有几家大银行

   （B）银行控股公司在过去三十年有巨大的发展

   （C）《麦克法登法案》禁止银行控股公司设立分行

   （D）银行控股公司只能拥有银行

10. 银行合并增加可能会出现社区银行的减少，这可能会导致_____。

    （A）小企业贷款的减少　　　　（B）文化身份的丧失

    （C）更高的利率　　　　　　　（D）更多的银行监管

11. 美国银行体系和日本银行体系的一个主要区别是_____。

    （A）美国银行被允许持有商业公司的大量股权，而日本银行不能

    （B）日本银行被允许持有商业公司的大量股权，而美国银行不能

    （C）银行控股公司在美国是非法的

    （D）日本银行通常组织为银行控股公司

12. 互助储蓄银行所有者为_____。

    （A）股东　　　　　　　　　　（B）合作伙伴

    （C）储户　　　　　　　　　　（D）外国投资者

13. 如果一家外国银行在美国设有分行，则该分行_____。

    （A）受到与美国本土银行相同的监管

    （B）仅受外国银行特许所在国的规定限制

    （C）只向在美国的外国公民发放贷款

    （D）只能接受居住在美国的外国公民的存款

思考题

1. 在 1863 年《国民银行法》颁布前,银行业的普遍状况是促进还是阻碍了美国各州之间的贸易?
2. 为何美国实行双重银行体系?
3. 鉴于 2007~2009 年的金融危机,你认为 1933 年《格拉斯 – 斯蒂格尔法案》在商业银行和证券业之间建立防火墙是否是一件好事?
4. 哪个监管机构主要负责监管下列商业银行?

    a. 国民银行

    b. 银行持股公司

    c. 非联邦储备体系成员的州银行

    d. 联邦储备体系成员的州银行

    e. 联邦特许储贷协会

    f. 联邦特许信用社

5. 利率风险是如何推动金融创新的?
6. 为什么新技术的发展使得对银行分支机构实施限制更加困难?
7. "银行业衰落的主要因素是计算机的发明。"这种说法是正确的、错误的还是不确定?解释你的答案。
8. "如果没有 20 世纪 60 年代至 20 世纪 70 年代的通货膨胀率的上涨,那么今天的银行业或许会更加健康。"这种说法是正确的、错误的还是不确定?解释你的答案。
9. 流动账户和货币市场共同基金是如何帮助银行规避准备金要求的?
10. 如果未来采纳一些经济学家的建议,取消法定准备金制度,这对货币市场共同基金的规模会产生什么影响?
11. 为何美国银行业的"钻空子"行为十分普遍?
12. 近年来,为什么银行会在获取资金方面丧失成本优势?
13. 近年来,为什么银行会丧失资产的收入优势?
14. "加拿大商业银行业的竞争性不如美国的商业银行业,这是因为在加拿大只有很少的几家商业银行主宰整个行业,而美国有大约 6 000 家商业银行。"这种说法正确、错误还是不确定?解释你的答案。
15. 为什么资产低于 2 500 万美元的银行在商业银行中所占的比例高于相同资产规模的储贷协会与互助储蓄银行在各自行业中的比例?
16. 与商业银行、储贷协会、互助储蓄银行不同,有关部门没有限制信用社在其他州设立分支机构,那么为什么信用社的规模通常比其他储蓄机构要小呢?

17. 银行控股公司为何会得到迅猛发展？
18. 鉴于贷款发起人在抵押贷款证券化过程中的作用，你认为贷款发起人会担心一个家庭是否具有偿还每月贷款的能力吗？
19. 竞争因素是如何导致《格拉斯－斯蒂格尔法案》废除，并将商业银行和证券公司分离开的？
20. 1999年的《金融服务现代化法案》对于银行并购有何种潜在影响？
21. 哪些因素可以解释国际银行业务的迅速发展？
22. 监管当局有哪些鼓励国际银行业务的措施？它们为什么要这样做？
23. 1981年美联储批准设立的国际银行业设施（IBFs）是如何减少欧洲银行业的就业机会的？
24. 如果你在外资银行开立支票账户，你会担心自己的存款不如存放在美国银行中安全吗？
25. 为什么世界最大的十家银行中只有两家是美国银行？

参考答案

选择题

1.A；2.D；3.C；4.B；5.C；6.D；7.B；8.B；9.B；10.A；11.B；12.C；13.A

思考题

1. 答：在1863年之前，阻碍美国跨州贸易的两个重要因素是：没有国家货币，州银行发行的纸币随时可能变得一文不值。考虑到这两个因素，有兴趣跨州开展业务的个人不得不主要使用黄金作为支付手段，而这种特殊的货币带来了很多不便。
2. 答：纵观美国银行业的大部分历史，人们一直对中央集权的银行权力感到恐惧。结果是所有的银行都由各州在当地特许经营。由于一些州的监管松懈，银行经常因为缺乏足够的资本或欺诈而倒闭。为了稳定银行系统，美国政府于1863年颁布了《国民银行法》，建立了一个由联邦特许银行组成的体系，这些银行要接受更严格的监管和审查。由于联邦特许银行不太容易破产，它们的数量逐年增加。然而，因为人们对银行系统中央集权化的怀疑，美国政府仍然允许州立银行运作。多年来一直有人试图强迫所有的银行成为联邦特许银行。由于特许过程更加统一，州特许银行和联邦特许银行之间的区别已经缩小，所以这两个标准今天仍然在使用。
3. 答：答案因人而异。总的来说，《格拉斯－斯蒂格尔法案》将高风险行业（证券业）

与传统商业银行业区分开。这样做是一个不错的选择。从这个意义上说，1933年该法案在证券业和商业银行之间建立防火墙被证明是件好事，因为银行业在其发展中没有经历太多危机（该法案于1999年被废除）。有人可能会说，该法案使美国银行在盈利机会方面，比外国竞争对手处于更不利的地位。

4. 答：a. 美国货币监理署

b. 美联储

c. 州银行当局和联邦存款保险公司

d. 美联储

e. 储蓄管理局

f. 国家信用合作社管理局

5. 答：20世纪70年代至80年代，利率的大幅波动导致人们对金融产品的需求增加，这些产品可以减少与利率意外波动有关的风险。这类创新的两个例子是可调利率抵押贷款和金融衍生品，它们都是在20世纪70年代推出的。

6. 答：几家银行经常共享电子银行设施等新技术，所以这些设施不归为分支机构。因此，它们可以被银行用来逃避在其他州提供服务的限制，实际上，也可以逃避设立分行的限制。

7. 答：不确定。计算机的发明确实有助于降低交易成本和收集信息成本，这两者都使其他金融机构与银行相比更具竞争力，并允许企业绕过银行，直接从证券市场借款。因此，计算机的发明是银行业衰落的重要因素。但是，银行业衰退的另一个原因是银行在获得资金方面失去了成本优势，而这种损失是由于与计算机发明无关的因素造成的，例如通货膨胀率的上升及其与规章制度的相互作用。

8. 答：正确的。更高的通货膨胀率有助于提高利率，使得去中介化过程发生，并帮助创建了货币市场共同基金。结果，银行失去了资产负债表负债方面的成本优势，导致银行业健康状况下降。然而，信息技术的改进仍然会侵蚀银行资产负债表中资产方面的收入优势，因此银行业的衰退仍会发生。

9. 答：流动账户是指任何在工作日结束时剩下的账户资金都被技术转移到的另一个账户，该账户投资于隔夜证券。由于它们不再被归为可开支票存款，这些资金不受准备金要求的约束。货币市场共同基金的设立是为了将存款用于投资短期货币市场证券。此外，尽管货币市场共同基金账户具有开支票功能，就像可开支票存款一样，但也不受准备金的约束。

10. 答：货币市场共同基金不受准备金要求的约束，因此它们避免了准备金要求的税收效应，在获取资金方面比银行具有成本优势。取消存款准备金率将降低货币市场共同基金的成本优势，并将显著缩小它们的规模。

11. 答：由于银行业受到严格的监管，银行有很强的动机想办法绕开限制其盈利能力的监管。通过漏洞挖掘，银行可以创造新的金融产品，让它们在现有监管规定的范围内运营，并增加因监管而被抑制的利润。

12. 答：通货膨胀率上升以及由此导致的支票存款替代品利率上升，意味着银行的相关业务规模在这种低成本融资方式上大幅缩水。货币市场共同基金的创新也意味着银行失去了支票账户业务。《Q 条例》的废除和 NOW 账户的出现确实有助于减少非中介化，但提高了美国银行的资金成本，美国银行现在不得不为支票存款和其他存款支付更高的利率。外国银行也能够利用大量的美国国内储蓄，从而降低了相对于美国银行的资金成本。

13. 答：商业票据市场的增长和垃圾债券市场的发展意味着，企业现在能够发行证券，而不是从银行借款，从而侵蚀了银行在贷款方面的竞争优势。证券化使其他金融机构能够发放贷款，这再次夺走了银行的部分贷款业务。

14. 答：错误的。虽然美国的银行比加拿大多很多，但这并不意味着美国的商业银行业更具竞争力。美国银行大量存在的原因是对银行业有限制的反竞争法规的实施。

15. 答：因为有关部门对商业银行设立分支机构的限制比对储贷协会的相关限制更严格。因此，小型商业银行在竞争中有更强的保护，比小型储贷协会更有可能生存下来。

16. 答：信用社规模小，因为它们的成员只有同一个雇主或与某个特定组织有关联。

17. 答：因为银行控股公司可以规避设立分支机构的限制，因为即使不允许设立分支机构，银行控股公司也拥有几家银行的控制权。银行控股公司还可以从事与银行业相关的其他活动，以获得很高的利润。

18. 答：考虑到贷款发起人或抵押贷款经纪人最担心的是让这个家庭接受抵押贷款的条款，这样服务人员就可以把它卖给捆绑商，那么很容易看出，贷款发起人不是很担心这个家庭的财务限制。贷款发起人最担心的是收取费用，因为如果该家庭无法偿还贷款，贷款发起人不会承担任何后果。这是 2007~2009 年全球金融危机起源的主要问题之一。

19. 答：证券公司开始从事发行存款工具的传统银行业务，而外国银行在美国的活动进一步削弱了美国银行的竞争地位。这导致美联储允许银行控股公司通过此法案的漏洞进入承销业务，以保持它们的竞争力。最终，1999 年相关部门通过立法废除了《格拉斯－斯蒂格尔法案》。

20. 答：《金融服务现代化法案》开启了并购的先河，这不仅体现在银行机构的数量上，还体现在金融服务活动的方方面面。因此，银行机构已成为规模较大和日益复杂的组织，从事所有金融服务活动。

21. 答：有三个主要因素促使国际银行业务迅速发展：第一，国际贸易的增长和跨国公司的扩张；第二，全球投资银行盈利能力的提高；第三，以美元计价的海外存款（欧洲美元）的扩大。

22. 答：鼓励国际银行业务的办法是给予相关机构特殊税收待遇和放宽分支机构设立的规定；这样做是为了使这些机构更有竞争力，希望它们能在美国创造更多的银行业就业机会。

23. 答：国际银行业设施鼓励美国和外国银行在美国开展更多的银行业务，从而将一部分就业机会从欧洲转移到美国。

24. 答：不担心。因为外资银行和美国银行受到同样的监管。

25. 答：由于美国的监管比世界其他地方更严格，银行数量更多，这使得美国最大的银行与其他国家的银行相比，规模也相对较小。此外，美国的银行业整合速度比大多数其他国家都要慢。然而，随着银行业继续走向整合，美国最大银行的规模很可能会扩大。

第 12 章

金融危机

选择题

1. 金融危机发生时，金融体系的信息不对称增加，会出现以下哪种情况？_____。
   - （A）增加经济活动
   - （B）允许更有效地使用资金
   - （C）导致严重的逆向选择和道德风险问题，使金融市场不能有效地引导资金
   - （D）减少经济中的不确定性，提高市场效率

2. 大多数美国金融危机都是在_____开始后的某一时期出现的衰退、股市崩盘或大型金融机构倒闭。
   - （A）高金融监管
   - （B）低利率
   - （C）低资产价格
   - （D）高不确定性

3. 金融危机的三个阶段的可能顺序是先_____，再导致_____，最终_____。
   - （A）资产价格下跌；银行危机；价格水平意外下降
   - （B）价格水平的意外下降；银行危机；提高利率
   - （C）银行危机；加息；价格水平意外下降
   - （D）银行危机；不确定性增加；提高利率

4. 经济可以从大多数衰退中迅速复苏，但_____引起的信贷市场逆向选择和道德风险问题的增加，导致了大萧条的发生。
   - （A）债务紧缩
   - （B）流动性不足

（C）银行资产负债表的改善　　　　（D）债券价格上涨

5. 次级抵押贷款市场的增长会导致_____。

（A）增加对住房的需求，推动房价飙升

（B）更高的违约风险，房地产行业衰退

（C）投资者选择其他资产而不是住房，房屋所有权减少

（D）信用较差的借款人无法获得住房抵押贷款，对住房需求减少

6. 全球金融危机造成严重的经济衰退，但规模比大萧条小得多。原因是_____。

（A）更多的世界人口　　　　　　　（B）政府大规模干预以支撑金融市场

（C）现代技术发明使危机难以持续　（D）美联储在最近的危机中置身事外

7. 宏观审慎监管政策试图防止杠杆周期，从而在扩张期间应_____资本要求，在低迷时期应_____资本要求。

（A）增加，减少　　　　　　　　　（B）增加，增加

（C）减少，增加　　　　　　　　　（D）减少，减少

8. 为了确保借款人有能力偿还住房抵押贷款，除了_____外，新的消费者保护法要求贷款人应做到以下几点。

（A）核实借款人的收入　　　　　　（B）核实借款人的工作状态

（C）检查借款人的信用记录　　　　（D）确认借款人能够阅读和理解贷款合同

9. 沃尔克规则（Volcker rule）解决的表外问题涉及_____。

（A）交易风险　　　　　　　　　　（B）出售贷款

（C）贷款担保　　　　　　　　　　（D）利率风险

10. 有序清算权的缺陷是，它将使联邦政府对大型金融实体的救助合法化，从而增加_____的发生。

（A）柠檬问题　　　　　　　　　　（B）监管宽容问题

（C）"大而不倒"问题　　　　　　　（D）受托人问题

思考题

1. 信息不对称问题是如何引发金融危机的？
2. 股票市场中资产价格泡沫的破裂是如何诱发金融危机的？
3. 价格水平的意外下降是如何导致信贷活动紧缩的？
4. 用你自己的语言定义金融摩擦，并解释为何金融摩擦的增加是导致金融危机发生的关键原因。
5. 金融机构资产负债表情况的恶化以及多家金融机构的同时倒闭是如何导致经济活动

出现衰退的？
6. 由一家主要金融机构破产所导致的不确定性的普遍提高是如何加剧逆向选择和道德风险问题的？
7. 信用利差是什么？信用利差为何在金融危机时会大幅扩大？
8. 一些国家不主张在它们的银行体系中建立如美国联邦存款保险公司这样的存款保险制度，请解释其原因。
9. 用你自己的语言描述"证券化"。这一过程是不是2007～2009年金融危机的唯一原因？
10. 美联储是否应对2005～2006年的房价泡沫负责？请分别提出一个赞成和反对的观点。
11. 在金融危机的形成过程中，金融监督和管理的不足起到了什么样的作用？
12. 描述美国大萧条与2007～2009年金融危机的相似性与差异性。
13. 你认为如何避免让2007～2009年金融危机演变成另一个大萧条？
14. 科技创新如何促进抵押贷款市场的发展？
15. "发起－配售"商业模式受到委托－代理问题影响的原因是什么？
16. "存款保险总是能防止金融危机。"这一论述是正确的、错误的还是不确定的？
17. 房地产价格下降是如何引发始于2007年的金融危机的？
18. 影子银行体系在2007～2009年金融危机中扮演了什么样的角色？
19. 金融危机期间抵押物的折扣大幅上涨的原因是什么？它是如何导致资产大甩卖的？
20. 全球金融危机是如何推动欧洲的主权债务危机的？
21. 为什么宏观审慎政策实行逆周期的资本要求是一个好主意？
22. 金融创新对于宏观审慎监管的效果有什么影响？
23. 为何将消费者保护条款加入《多德－弗兰克法案》？这些条款存在什么问题吗？
24. 简述美国政府设立清算授权的重要性。

参考答案

选择题

1.C；2.D；3.A；4.A；5.A；6.B；7.A；8.D；9.A；10.A

思考题

1. 答：信息不对称问题（逆向选择和道德风险）始终存在于金融交易中，但通常不会妨碍金融系统将资金由出借方即存款者有效地输送给借款者。然而，在金融危机期间，信息不对称问题加剧，由此产生的金融摩擦导致资金流停止或严重中断，对经济活动产生不良后果。

2. 答：当资产价格泡沫破裂，资产价格与基本经济价值重新调整时，导致净值下降，意味着企业的风险减少，因此企业有动机承担更多的风险，让贷款人付出代价，这加剧了道德风险问题。此外，更低的净资产意味着抵押品更少，因此逆向选择增加。所以，资产价格泡沫的破裂会降低借款人的信用价值，并导致贷款和支出的收缩。资产价格的崩溃还会导致金融机构资产负债表恶化，导致去杠杆化，进一步导致贷款和经济活动的收缩。

3. 答：价格水平的意外下降导致企业的实际负债负担增加，而其资产的实际价值却没有增加。由此导致的企业净资产的下降增加了贷款人面临的逆向选择和道德风险问题，使金融危机更有可能发生。在这种情况下，金融市场无法有效运转，也无法将资金提供给具有生产性投资机会的企业。

4. 答：金融摩擦阻止金融市场有效地将资金分配到最佳投资机会。一般来说，当信息不对称加剧时，贷款机构无法确定最佳的潜在借款人，金融摩擦就会增加。金融摩擦是金融危机的关键因素，因为随着资金在金融市场的流通中断或受到限制，经济就会放缓。这可能引发资产价格下跌，不确定性增加，以及金融机构资产负债表的恶化。

5. 答：如果金融机构的资产负债表出现恶化，资本大幅收缩，它们可放贷的资源就会减少，放贷金额就会减少。贷款的收缩会导致投资支出下降，从而减缓经济活动。当金融机构大量倒闭时，金融市场的信息生产功能就会丧失，银行的金融中介功能也会直接丧失。此外，银行危机期间银行贷款的减少会减少借款人可获得的资金供应，从而导致利率上升，加剧信息不对称问题，并导致贷款和经济的进一步收缩。

6. 答：一家大型金融机构的倒闭，会导致金融市场的不确定性急剧增加，使得贷款机构很难甄别信贷风险的高低。由此导致银行无力解决逆向选择问题，使银行不愿意放贷，从而导致贷款、投资和总体经济活动的下降。

7. 答：信用利差是公司债券和期限相近、没有违约风险的国债之间的利息差。金融危机期间信用利差的上升（大萧条期间发生过，2007~2009年又发生过）反映了信息不对称问题的升级，这使人们更难判断企业借款人的风险，削弱了金融市场将资金输送给具有生产性投资机会的借款人的能力。

8. 答：一些国家没有充分宣传美国联邦存款保险公司的存款保险制度，是因为这一信息使银行客户不太可能监督银行的活动。不为存款保险做宣传，可能会限制银行承担过多风险的存款保险制度所造成的道德风险问题。在银行业危机发生的早期，当局可以宣传存款保险制度的存在，防止银行恐慌。

9. 答：证券化的过程将一系列金融工具（比如贷款）转化为有价证券。从 20 世纪 70 年代开始，这一过程在美国金融体系中被广泛使用。然而，在 21 世纪初，用于创造有价证券的贷款品种质量可疑，这一特征直接传给了有价证券。证券化过程本身并不是造成大衰退的唯一原因。事实上，贷款被放给了不优质的借款人，而这类贷款（大部分是抵押贷款）被证券化，这是造成危机的因素。

10. 答：认为美联储应对 2005~2006 年的房价泡沫负责的支持者认为，美联储将联邦基金利率（一种银行间贷款的基准利率）设定在极低水平，从而帮助创造了房价泡沫的条件。这一举措降低了金融中介机构的资金成本，因此它们更愿意贷款给房主。支持这种假设的另一个论点是，美联储在监管和监督金融中介机构的行政任务上不够严格。支持这一时期美联储政策的人指出了导致房价泡沫的其他因素，特别是贷款审批标准的降低和来自印度和中国的资金流入，再加上没有吸引人的投资机会（因此，这些资金最终助长了房价泡沫）。这仍然是一场持续的、非常有趣的辩论。

11. 答：薄弱的监管意味着金融机构将承担过多的风险，特别是如果市场纪律被政府安全网削弱的话。当高风险贷款最终变成坏账时，将导致金融机构资产负债表的恶化，这意味着这些机构将减少放贷，经济活动变得更不活跃。

12. 答：答案可能各不相同。在大萧条和 2007~2009 年金融危机之前，资产价格都出现了大幅上涨。在这两次危机中，信贷息差扩大，信贷可获得性收缩，经济活动急剧下降。这两段时期在资产价格上涨的来源上有所不同：在大萧条时期，不断上涨的股价是触发因素，而在 2007~2009 年金融危机时期，房地产泡沫是主要触发因素。在大萧条时期，许多银行的倒闭导致了银行恐慌，导致了更多的银行倒闭。在 2007~2009 年金融危机期间，尽管银行体系受到重创，银行倒闭也确实发生了，但它们的影响要小得多，也没有发生银行恐慌。最后，尽管这两次事件都导致了 GDP 的大幅下降和失业率的上升，但这在大萧条时期表现得更为明显，当时失业率达到了 25% 的峰值（而在 2007~2009 年金融危机中，失业率达到了 10.2%）。在某种程度上，这是美联储政策制定者在 2007~2009 年金融危机期间比大萧条期间更积极地试图遏制金融危机和扭转经济活动下滑的结果。

13. 答：答案可能各不相同。总的来说。整个国家可能从大萧条的经验中吸取了教训，并制定了更复杂的政策框架，以帮助更有效地应对严重的经济衰退。例如，在大萧条期间普遍存在的银行恐慌，在 2007~2009 年金融危机中几乎不存在。这可能是由于现在的银行账户有联邦存款保险公司的保险，而在大萧条时期它们没有。

另一个因素似乎是政策制定者决心不重蹈大萧条时期的覆辙，制定更积极、更迅速的政策，以避免不必要地加深或延长危机的传染效应。

14. 答：利用数据挖掘技术给家庭提供数字信用评分，用来预测违约概率。利用计算机技术将许多小额抵押贷款捆绑在一起，以低廉的价格将它们打包成证券。两者共同促成了次级抵押贷款的产生，然后这些次级抵押贷款可以作为证券出售。

15. 答：因为投资者的代理人即抵押贷款发起人没有动力确保抵押贷款有良好信用。

16. 答：错误的。存款保险是防止银行恐慌的一个非常好的制度，但这些事件只是金融危机的一个潜在因素。正如2007~2009年金融危机期间发生的事件所表明的那样，金融危机由许多方面同时演变。存款保险制度可能有助于防止银行恐慌，但它无法防止房地产市场资产价格下跌或危机向国际金融市场蔓延的影响。此外，存款保险创造了道德风险激励机制，鼓励银行承担风险，这可能使金融危机更有可能发生。

17. 答：房价下跌导致许多次级贷借款人发现他们的抵押贷款"资不抵债"，因为他们欠的比他们房子的价值还多。当这种情况发生时，苦苦挣扎的房主有巨大的动机抛弃他们的房子，把钥匙寄回给贷款人。抵押贷款违约急剧上升，给金融机构造成了损失，然后这些机构去杠杆化，导致贷款崩溃。

18. 答：影子银行体系由对冲基金、投资银行和其他不受传统银行严密监管框架约束的非存款金融公司组成。由于监管宽松，它们的资本要求较低（如果有的话），并且能够比其他金融公司承担更多的风险。它们之所以重要，是因为大量资金流入影子银行体系，以支持低利率，这在一定程度上助长了房地产泡沫。由于影子银行在金融市场的大量存在，当信贷市场开始收紧时，来自影子银行体系的资金大幅减少，这进一步减少了获得所需信贷的机会。

19. 答：在金融危机期间，资产价格的下跌通常是非常迅速和出人意料的。这导致了资产价格未来可能进一步下跌的预期，并增加了作为抵押品的资产价值的不确定性。因此，接受抵押品资产的公司要求越来越大的折价，或对抵押品价值的折价。这就要求企业在一段时间内为同样的贷款提供越来越多的抵押品。由于资产价格的下跌和折价的上涨，形成了"买方市场"，任何需要快速筹集资金的公司都将被迫以资产原始价值的一小部分作为售价以出售资产。

20. 答：经济活动的收缩减少了税收，与此同时，政府对破产金融机构的救助要求政府增加支出。其结果是预算赤字激增，导致人们担心遭受重创的政府将出现债务违约。作为结果，这些国家的主权债券遭到大规模抛售，这导致这些国家的主权债券的利率急剧上升。

21. 答：杠杆周期表明，在经济周期中，贷款在繁荣时期大幅增加，在衰退时期大幅减少。如果启动逆周期资本要求，这将要求金融机构在繁荣期持有更多资本，这将减少放贷，有助于缓解可能在未来造成破坏性的信贷泡沫。同样，当经济陷入低迷时，可以降低资本要求，这将鼓励更多贷款，促进更快的经济增长。

22. 答：金融创新的过程通常对经济有利，其目标是创造新的金融工具，以应对金融体系参与者不断变化的偏好。其最有利的影响之一是提高了金融体系的效率。这个过程有时也会有风险。新金融工具的创造往往与它们的管理不善有关。有时这可能导致资产价格泡沫的产生，就像2007~2009年金融危机中抵押贷款支持证券所发生的那样。当这些工具定价不当时，可能会扰乱金融体系。监管机构在这一过程中总是会落后一步，因为通常当一个有利可图的机会被创造出来时，许多金融中介机构都会遵循这条路径。监管机构只有在彻底了解了新的金融工具的结构和风险之后，才能制定和执行适当的监管规定。但这通常只发生在金融体系出现混乱之后。

23. 答：这部分法律的主要规定之一是有权审查和执行与住宅抵押贷款发行相关的业务的规定。2007~2009年的金融危机大部分是美国住房市场的过度行为引发的，例如次级抵押贷款的发行，或其他类型的抵押贷款发行。这些贷款永远不可能偿还。如果这些规定在房地产市场崩溃之前就已经到位，那么对房地产市场和更广泛的金融市场的影响就有可能被避免（或者在时间和严重程度上可能会有限得多）。然而，这一立法并不是没有代价的。批评人士认为，消费者保护措施限制了向信誉良好的借款人发放贷款。此外，银行实施更严格的消费者保护措施的代价高昂。因此，尽管大银行由于规模经济更容易吸收这些成本，但小银行普遍发现，实施消费者保护措施的成本要高得多，包括合规成本和更严格审批贷款带来的收入损失。

24. 答：在2009年之前，美国政府没有法律权力接管银行控股公司等大型破产金融机构并有序地清算它们的资产。这一点在2007~2009年金融危机期间变得明显起来，当时政府没有办法拯救雷曼兄弟（Lehman Brothers）并出售其资产。由于这些类型的金融机构被认为具有系统重要性，它们对整个金融体系构成了风险，因为它们的倒闭可能造成广泛的破坏。拥有清算权，政府可以迅速接管一家濒临破产的公司，逐步清理其资产。保证整个金融体系的健康状况是美国政府的首要任务。

第 13 章

非银行金融机构

选择题

1. 负责监管寿险公司活动的监管机构是_____。
   - （A）联邦存款保险公司
   - （B）美联储
   - （C）联邦住房贷款银行系统
   - （D）公司经营所在地的相关国家机构

2. 要求支付年度保费以换取从指定年龄开始并持续到死亡的未来付款流的合同是_____。
   - （A）终身保险
   - （B）年金
   - （C）定期人寿保险
   - （D）可变人寿保险
   - （E）通用人寿保险

3. 保险公司通过使用部分保险费来获得_____，以降低风险敞口。
   - （A）政府贷款担保
   - （B）联邦保险
   - （C）再保险
   - （D）银行承兑汇票

4. 当最有可能产生被保险结果的人是购买保险的人时，保险公司面临的问题是_____。
   - （A）欺诈性索赔
   - （B）道德风险
   - （C）逆向选择
   - （D）金钱购买

5. 共同保险以_____的方式减少道德风险。
   - （A）保险限制
   - （B）基于风险的保费
   - （C）免赔额
   - （D）限制性条款

6. 养老金福利保障公司的作用类似于_____。
   (A) 联邦储备系统 (B) 货币监理署
   (C) 联邦存款保险公司 (D) 美国储蓄管理局

7. 由于_____，社会保障体系的私有化正在考虑之中。
   (A) 希望减税 (B) 降低退休年龄的要求
   (C) 预期寿命减少 (D) 系统资金不足

8. 保理业务涉及_____。
   (A) 承销大型证券发行的财团 (B) 以折扣价出售应收账款以换取现金
   (C) 将大型共同基金拆分为小型基金 (D) 通过再保险分散保险风险

9. 经纪人_____，这与证券交易商不同
   (A) 持有证券库存 (B) 通过佣金赚取收入
   (C) 赚取卖价和买价之间的差价为生 (D) 以给定的价格买卖证券

10. 有一种共同基金，其中固定数量的不可赎回份额在首次发行时出售，然后在场外市场交易，就像普通股股票一样，被称为_____。
    (A) 开放式基金 (B) 封闭式基金
    (C) OTC 基金 (D) 一级发行基金

11. 一种对非公开交易公司进行长期投资的投资基金称为_____。
    (A) 私募股权基金 (B) 对冲基金
    (C) 主权财富基金 (D) 经纪基金

12. 以下哪一项没有导致房利美和房地美的破产？_____。
    (A) 逆向选择问题 (B) 道德风险问题
    (C) 监管不力 (D) 不道德的会计行为

思考题

1. 为什么人们预期损失会比保费少但是仍选择购买保险？
2. 保险公司如何规避逆向选择和道德困境问题带来的损失？
3. 终身人寿保险和短期人寿保险的区别是什么？
4. 再保险的意义与目的是什么？
5. 为什么财产保险公司和意外伤害保险公司持有大量市政债券，而人寿保险公司没有？
6. 为什么美联储和政府要干预并援救美国国际集团（AIG）？
7. "与私人养老金计划相比，美国政府养老金计划很少是不足额的。"这个观点是正

确的、错误的还是不确定？解释你的答案。

8. 为什么美国社会保障体系处于最终瓦解的危险中？
9. 社会保障体系私人化的三个主要提议是什么？说出它们的优缺点。
10. 什么是《雇员退休收入保障法》？它为什么设立？
11. 如果你需要申请贷款，为什么首选地方银行，而不是财务公司？
12. 证券经纪人、交易商、投资银行、有组织的交易所和金融中介机构的区别在哪里？
13. 主权财富基金现阶段存在什么问题？它们稳定吗？
14. 为什么货币市场共同基金允许它的股东以一个固定价格赎回份额而其他共同基金不允许？
15. 共同基金的哪些特点及投资环境使得共同基金过去30年快速发展？
16. 对厌恶风险的人而言，投资银行是一项好的选择吗？为什么？
17. 共同基金和对冲基金的区别是什么？
18. "对冲基金并没有风险，就如同它们的名字所显示的一样，是用来对冲风险的。"这句话是对的、错的，还是不确定的？
19. 私募股权投资基金的四点优势是什么？它是如何缓解"搭便车"问题的？
20. 政府资助企业如何给纳税人带来巨大损失？

应用题

21. 你富有的叔叔去世了，给你留下了价值100 000美元的人寿保险单。保险公司为你提供了20年内每年领取8 225美元的选择，第一笔付款今天到期，或者一次性付清。你应该怎样选择？

22. Kio Outfitters 估计损失的概率如下表所示：

损失（美元）	概率（%）
30 000	0.25
15 000	0.75
10 000	1.5
5 000	2.5
1 000	5.00
250	15.00
0	75.00

Kio Outfitters 的损失大于5 000美元的概率将会是多少？若保险公司扣除1 500美元后赔付，Kio Outfitters 执行条款的话将支付多少金额？

23. 保罗的车在冰面上滑行破损,造成了价值 2 500 美元的车辆损失。他自己也轻微地受伤,其治疗费为 1 300 美元。他的车辆保险扣除 500 美元后将会全额赔付,健康保险扣除 100 美元后将赔付 75%。这次事故保罗自己最终要花多少钱?
24. 一位员工每年在年底向他的养老金计划缴纳 200 美元,5 年后他的账户价值是多少?假设这个计划每年赚 15%。
25. 假设你在每年年初向保险金计划缴纳 20 000 美元,利率是 10%。
    a. 8 年之后,保险金计划的总价值是多少?
    b. 假设 8 年之后你想收到 250 000 美元。这个养老金是筹资充足还是筹资不足?
    c. 假设养老金计划在缴纳时收 2% 的管理费,这将如何影响你前两问的答案?

参考答案

选择题

1.D; 2.B; 3.C; 4.C; 5.C; 6.C; 7.D; 8.B; 9.B; 10.B; 11.A; 12.A

思考题

1. 答:人们购买保险是因为他们厌恶风险,更愿意确切地知道自己的财富。
2. 答:保险公司通过要求检查和体检、为团体而不是个人投保以及设定免赔额来保护自己。
3. 答:如果投保人死亡,短期人寿保险支付死亡保险金,不支付其他福利。终身人寿保险支付死亡保险金,但也包括一项储蓄计划,如果投保人活着,该计划就支付保险金。
4. 答:再保险将一部分风险分配给另一家公司,以换取一部分保费。
5. 答:财产和意外伤害保险公司因其利息收入而纳税,因此他们持有免税的市政债券。这一免税特性对人寿保险公司没有好处,因为它们的利息收入不征税,所以它们不持有市政债券。
6. 答:由于 AIG 在信用违约互换方面的交易,全球金融危机导致 AIG 的净值和获得信贷的机会大幅下降。但由于 AIG 是世界上最大的公司之一,与金融体系紧密相连,政府认为让 AIG 破产将是灾难性的。特别是,银行和共同基金持有 AIG 债务的很大一部分,因此让 AIG 破产也会给这些公司带来压力,因为危机已经严重限制了这些公司的流动性。因此,美国政府与美联储共同设立了一项信贷安排,以提供 850 亿美元的流动性，防止 AIG 破产。

7. 答：错误。美国政府养老金计划经常资金不足。美国联邦政府和美国州政府雇员的许多养老金计划都没有得到充分的资金支持。

8. 答：美国人口统计数据表明，退休人数将超过未来进入劳动力市场的人数。随着越来越少的人为该计划买单，它可能会破产。

9. 答：社会保障私有化的三个主要建议是：①将流动资产投资于公司证券。其优点是，它将提高信托基金的总体收益，并将交易成本降至最低。缺点是，这可能导致政府对私营部门的更多干预。②将信托基金资产转入个人账户。这样做的优点是增加了资产收益，而且不涉及政府对资产的所有权。缺点是它可能使个人面临更大的风险和更高的交易成本。③除信托基金账户外，还提供个人账户。优点和缺点与②类似。

10. 答：《雇员退休收入保障法》规定了报告和披露的最低标准，规定了行权规则和资金不足程度，限制了投资行为，并将监督责任分配给美国劳工部。此外，还成立了养老金福利担保公司，其作用类似于联邦存款保险公司对银行的作用。养老金福利担保公司的成立是为了保护养老金制度，防止管理不善、资金不足、欺诈行为和其他滥用行为。

11. 答：因为银行的贷款利率通常低于财务公司的贷款利率。

12. 答：它们与金融中介机构的不同之处在于，它们不履行中介职能，它们不通过发行负债获取资金尔后使用资金获取资产。

13. 答：有人提出了几个问题。首先，主权财富基金的规模已经扩大，因此，这些基金资产头寸的变化可能意味着资本的大量流动，这可能导致市场不稳定。也有人担心主权财富基金可能将其投资和资产用于政治目的。最后，大多数主权财富基金提供的关于其持有或投资实践的公开信息很少。在某种程度上，这些担忧可能是正确的，但许多人认为它们被夸大了，这些担忧主要缘于仇外心理和对未知的恐惧。

14. 答：因为货币市场共同基金持有价值波动不大的高质量短期债务工具，它允许股东以固定价格赎回股票。相比之下，其他共同基金持有价值波动较大的资产，因此其股票价值也必然波动。

15. 答：流动性中介、面额中介、易于多样化、成本优势以及固定缴款养老金计划的增长使得共同基金快速增长。

16. 答：不是。投资银行是一项风险很大的业务，因为如果投资银行不能以其承诺支付给发行公司的价格出售其承销的证券，投资银行可能会遭受重大损失。

17. 答：与共同基金相比，对冲基金的最低投资金额要求为 10 万美元，且必须有不超过 99 名年收入稳定在 20 万美元以上或净资产至少 100 万美元的投资者（有限合伙人），净资产的计算不包括他们的住房。对冲基金也以合伙关系的形式成立，而不是像共同基金那样以股东关系的形式成立。

18. 答：错误。尽管对冲基金名称中包含"对冲"，但它并不对冲风险。事实上，由于对冲基金经常拥有大量的杠杆，并投资于风险极高的资产，因此它可能比许多其他投资机构的风险要大得多。

19. 答：第一，作为私人公司，私募股权投资基金不受《萨班斯-奥克斯利法案》中有争议且成本高昂的规定的约束。第二，私募股权投资基金的管理者不会像上市公司的管理者那样感到立即产生利润的压力，因此可以着眼于公司的长期盈利能力管理。第三，由于私募股权投资基金给予管理者相比上市公司更多的公司股份，他们有更大的动力努力工作以实现公司价值最大化。第四，私募股权投资基金克服了搭便车的问题。与上市公司不同的是，上市公司拥有不同的所有者，他们乐于相互搭便车，而私募股权投资基金能够获得公司化的几乎所有好处，因此有动力确保公司正常运营。

20. 答：政府对政府资助企业债务的隐性支持导致了 20 世纪 80 年代和 20 世纪 90 年代初标准普尔和银行危机的道德风险问题。由于政府资助企业债务实际上由政府担保，限制政府资助企业过度冒险的市场纪律相当薄弱。因此，政府资助企业有承担过度风险的动机，这正是它们所做的，美国纳税人面临着巨大的损失。

应用题

21. 答：这取决于利率以及许多其他因素。由于选项为立即付 100 000 美元或每年付 8 225 美元，你可以计算年度付款的现值为

$$8\,225 \times [1 + 1/(1+r) + 1/(1+r)^2 + \cdots + 1/(1+r)^{19}]$$

其中 r 是回报率（或利率）。如果每年付款的现值低于 100 000 美元，你应该提前支取 100 000 美元。两者相等的利率约为 6%，因此，如果利率大于 6%，则每年付款的现值将低于 100 000 美元，因此预付款更可取（反之亦然）。有了这些信息，每个人的答案取决于许多因素：你今天"需要"100 000 美元吗；你个人能否在相同风险水平下以更高的利率投资 100 000 美元；保险公司将来是否有不付款的风险等。

22. 答：如果有 1 500 美元的免赔额，那么 Kio Outfitters 的预期损失的相关信息如下表所示。

损失（美元）	概率（%）
28 500	0.25
13 500	0.75
8 500	1.50
3 500	2.50
1 000	5.00
250	15.00
0	75.00

预期（平均）损失为 475 美元，这是保险的公允价格。

23. 答：车损失要花费保罗 500 美元，剩下的 2 000 美元由保险支付。保罗将支付 400 美元的医疗费用，即 100 美元的免赔额加上剩余 1 200 美元费用的 25%。因此，保罗的总自付费用为 900 美元。

24. 答：5 年后养老金计划的价值为 $200 \times (1 + 1.15 + 1.15^2 + 1.15^3 + 1.15^4) = 1\,348.48$ 美元

25. 答：

a. 账户价值为 $20\,000 \times (1.10 + 1.10^2 + \cdots + 1.10^8) = 251\,589.54$ 美元。

b. 它的资金充足，因为你有资格享受的养老金低于账户价值。

c. 如果养老金计划从总缴款额中扣除 2% 的管理费，

那么每年的净缴纳额为 $0.98 \times 20\,000 = 19\,600$ 美元。

账户价值为 $19\,600 \times (1.10 + 1.10^2 + \cdots + 1.10^8) = 246\,557.75$ 美元。

现在，养老金计划的资金将略有不足，因为有资格享受的养老金大于账户价值。

第14章

金融衍生工具

选择题

1. 以下哪项不是金融衍生工具？_____。
   - （A）股票
   - （B）期货
   - （C）期权
   - （D）远期合同

2. 要求投资者在未来日期出售证券的合同称为_____。
   - （A）空头合约
   - （B）多头合约
   - （C）对冲
   - （D）微观对冲

3. 远期合同比期货的优势在于_____。
   - （A）标准化
   - （B）违约风险较低
   - （C）流动性
   - （D）更灵活

4. 期货合约一般在_____交易。
   - （A）芝加哥交易所
   - （B）纽约证券交易所
   - （C）美国证券交易所
   - （D）芝加哥期权交易所

5. 在期货合约的到期日，该合约的价格收敛于该合约的_____。
   - （A）购买价格
   - （B）合同有效期内的平均价格
   - （C）基础资产的价格
   - （D）购买价格和基础资产价格的平均值

6. 如果你卖出了期货合约，你会希望债券价格_____。
   - （A）上升
   - （B）下降

(C) 稳定 (D) 波动

7. 期权是给购买者_____。

(A) 购买或出售基础资产的选择 (B) 购买或出售基础资产的义务

(C) 持有基础资产的权利 (D) 切换支付现金流的权利

8. 赋予所有者在规定期限内以行权价格购买金融工具的权利的期权是_____。

(A) 看涨期权 (B) 看跌期权

(C) 美式期权 (D) 欧式期权

9. 通过购买期权进行套期保值将_____。

(A) 限制收益 (B) 限制损失

(C) 限制收益和损失 (D) 对期权溢价没有限制

10. 将一组利息支付兑换为另一组利息支付的互换称为_____。

(A) 利率互换 (B) 货币互换

(C) 互换期权 (D) 国际互换

11. 使用互换来消除利率风险的一个优点是互换_____。

(A) 比期货价格低 (B) 比重新安排资产负债表的成本更低

(C) 比期货更具流动性 (D) 拥有比期权更好的会计处理方法

12. 如果一方定期支付固定费用,以换取因公司信用评级下调而引发的或有付款,则称为_____。

(A) 信用期权 (B) 信用互换

(C) 信用挂钩票据 (D) 信用违约互换

思考题

1. 使用远期合约对冲的优缺点是什么?

2. 期货合约相对于远期合约的优点是什么?

3. 在2017年7月的联邦公开市场委员会会议上,联邦储备系统的主管和投票主席同意不提高联邦基金目标利率,但这在一定程度上让市场知道,利率可能会在不久的将来上涨。你认为投资经理会对这个消息有何反应?他们可以使用哪些工具来规避利率风险?

4. 使用期权合约而不是用期货合约的优缺点是什么?

5. 解释为什么流动性越大或者离到期日时间越长对于看涨期权或者看跌期权都意味着更高的收益。

6. 为什么越低的执行价格意味着看涨期权将会有越多的收益,而看跌期权有越多的损失?
7. 使用利率互换的优缺点是什么?
8. 如果你管理的公司有 500 万美元的缺口(利率敏感型资产比利率敏感型负债多 500 万美元),描述一次可以消除公司收入缺口的利率互换。
9. 如果你管理的存款和借款的缺口是 –4 200 万美元(借款比存款多 4 200 万美元),描述一次可以通过利率变动消除存借款风险的利率互换。
10. 在金融系统中,金融衍生品是如何产生过度风险的?

应用题

11. 如果你管理的养老基金在 6 个月后预计会有 1.2 亿美元的资金流入,你应当签订什么样的远期合约来将未来利率锁定在目前的水平上?
12. 如果你管理的资产组合持有 2 500 万美元、票面利率为 6%、2035 年到期的国债,目前价格为 110 点,你应当签订什么样的远期合约来规避这些债券下一年的利率风险?
13. 假定你购买了执行价格为 105 点,基于 10 万美元国债期货合约的看涨期权。如果国债到期日的价格为 115 点,这一期权是价内期权、价外期权还是平价期权? 如果期权费是 8 000 美元,你的盈亏是多少?
14. 杰森购买了执行价格为 105 点、基于 10 万美元的国债期货合约,期权费为 2 000 美元的看跌期权。如果国债到期日价格为 110 点,杰森的盈亏如何? 他会执行该期权吗? 如果国债到期日价格为 95 点,你的答案会如何改变?
15. 如果你的公司一年后将有一笔 2 亿欧元的收入,你如何利用 12.5 万欧元的期货合约规避这笔收入的外汇风险?
16. 如果你的公司 3 个月后要向某德国公司支付 1 000 万欧元,你如何利用 12.5 万欧元的期货合约规避这笔支出的外汇风险?
17. 假定你的公司将在 6 个月后收入 3 000 万欧元,目前欧元与美元的汇率为 1∶1。如果你希望规避这笔收入的外汇风险,你应该签订什么样的远期合约?
18. 假定你管理的养老基金下一年的预期资金流入为 1 亿美元,你希望明年将这些资金投资长期债券时,仍能获得当期利率 8% 的盈利水平。你如何利用期货市场达到这一目的?
19. 如果你购买了执行价格为 95 点、基于 10 万美元国债期权合约的看跌期权,国债到期日的价格为 120 点,这一合约是价内期权、价外期权还是平价期权? 如果期权费是 4 000 美元，你的盈亏是多少？

20. 假定你购买了执行价格为 110 点，基于 10 万美元国债期货合约的看涨期权，期权费为 1 500 美元。如果到期日期货合约的价格为 111 点，你的盈亏是多少？

21. 芝加哥银行信托有 1 亿美元资产和 8 300 万美元负债，资产久期为 5 年，负债久期为 1.8 年。这家银行需要多少期货合约来完全规避利率风险？目前可获得面值 100 万美元、售价 97.9 万美元的 10 年期国债。

22. 期货标的物是 3 个月期的 100 万美元短期国债。如果你在价格 96.22 时持有多头头寸，以价格 96.87 出售，请问本次交易的盈亏是多少？

23. 一位银行客户在 6 月时将会去伦敦购买 100 000 英镑的产品，当期汇率和远期汇率如下表所示：

期限	汇率（美元/英镑）
当期	1.534 2
3 月	1.621 2
6 月	1.690 1
9 月	1.754 9
12 月	1.841 6

该客户买入 6 月的远期汇率以此对冲风险，到 6 月时，实际汇率为 1.725 美元/英镑，请问他的对冲结果如何？

24. 考虑一个执行价格为 $101\frac{12}{32}$ 的短期债券看跌期权，该合约代表着 100 000 美元债券本金和 750 美元的期权费。在到期日，短期债券的实际价格为 $98\frac{16}{32}$，此时盈亏如何？

25. 杜宾公司的互换合约需要其每年支付一年期国债（目前利率 6%）加上 1.5% 的浮动利率，而杜宾公司也将收到 6% 的固定利率，其中互换本金为 50 000 美元。请问在接受此份互换合约后，公司的净收益如何？

参考答案

选择题

1.A；2.A；3.D；4.A；5.C；6.B；7.A；8.A；9.B；10.A；11.B；12.D

思考题

1. 答：远期合约的最大优点是具有灵活性，因为可以按照交易对手希望的任何方式设计。它的第一个主要缺点是，一方可能很难找到交易对手签订远期合约，因为一些内容可能非常具体。正因为如此，某些远期合约市场可能缺乏流动性，导致远期合约降低优惠条件以吸引交易对手。第二个主要的缺点是，远期合约存在违约风险，而违约的交易对手唯一的追索权是采取法律行动，其代价可能高昂且耗时较长。

2. 答：期货合约相比远期合约有几个优点。例如，期货合约的数量和交割日期是标准化的，以提高流动性并限制某人垄断市场的能力。期货合约可以在交割日之前的任何时间进行交易，这是远期合约所不能做到的。与远期合约相反，期货合约通过清算所清算，限制了违约风险。最后，在期货合约中，可以避免标的资产的实物交割，从而降低期货交易成本。

3. 答：投资经理应该为不久的将来某一时刻的利率上升做好准备。联邦公开市场委员会宣布随着经济复苏可能加息，这并不意味着利率会立即上升，但投资经理应该考虑到利率提升的概率较高。每位投资经理所使用的工具将取决于其业务的特点及其管理的投资组合。本质上，投资经理应该为证券价格的下降做好准备（随着贴现率的增加），并且必须找到更好地帮助他们对冲这种风险的特定工具（远期合约、金融期货合约、期权等）。

4. 答：使用期权合约的好处是，当期权"缺钱"时，期权的购买者没有义务以不利的价格采取行动（即购买或出售基础资产），并且他们的潜在损失仅限于为期权支付的溢价。也不需要像期货合约一样维持保证金账户且每天对该账户进行结算支付。期权合约的缺点是，必须支付在期货合约中不必支付的溢价。

5. 答：因为期权的特点是，如果价格在一个方向上有很大的变化，你会大获全胜，但如果价格在另一个方向有很大变化，你不会大失所望。价格的波动性越大，意味着平均而言你的利润越高，因为你更可能通过看涨期权或看跌期权大获全胜，因此它们的溢价会更高。

6. 答：因为对于到期时的任何给定价格，较低的行权价格意味着看涨期权的利润较高，看跌期权的利润较低。较低的行权价格使看涨期权更受欢迎并提高其溢价，而看跌期权不受欢迎并降低其溢价。

7. 答：利率互换的优势在于，它们允许机构以相对较低的成本将固定利率资产转换为利率敏感资产，而不会影响其资产负债表（否则可能相当困难）。利率互换的另一个优点是，它们可以在较长的期限内进行，而期货和期权的期限通常要短得多。

利率互换的主要缺点是，它们可能缺乏流动性，并且面临类似于远期合约的违约风险。

8. 答：你可以将 500 万美元的利率敏感型资产的利率换成 500 万美元固定利率资产的利率，从而消除收入差距。

9. 答：你可以将 4 200 万美元的固定利率资产的利率换成 4 200 万元利率敏感型资产的利率，从而消除收入差距。

10. 答：衍生工具允许金融机构提高杠杆率。实质上，如果金融机构赌错了方向，那么它们在支付能力有限的情况下进行巨额赌注可能会迅速而意外地让大型金融机构倒闭。此外，银行持有的大量衍生工具的名义金额是其银行资本的数倍，使其面临严重的倒闭风险。这些因素会给金融系统带来重大风险，而一个具有系统重要性的大型金融机构的倒闭可能会危及整个金融系统。

应用题

11. 答：你将签订一份合约，规定你将购买 1.2 亿美元的债券，利率等于 6 个月后的当前利率。

12. 答：你将签订一份合约，规定你将在一年后以 110 点的价格出售票面利率为 6%、2035 年到期的 2 500 万美元的国债。

13. 答：这一期权是实值期权，即价内期权，因为你想行使以 105 点的价格购买国债权利，然后以 115 点的价格出售国债的权利，从而获利。如果期权费等于 8 000 美元，这意味着溢价为（115 – 105）×1 000 – 8 000 = 2 000 美元。

14. 答：如果到期价格为 110 点，这一期权为虚值期权，即价外期权，杰森不会行使出售期货合约的权利。他的利润是：–2 000 美元。如果到期价格是 95 点，这一期权为实值期权，即价内期权，杰森会行使出售期货合约的权利。他的利润是：（105 – 95）×1 000 – 2 000 = 8 000 美元。

15. 答：你可以购买一年后到期的 2 亿欧元期货合约。如果合同金额为 12.5 万欧元，你将购买 200 000 000/125 000 = 1 600 份合约。

16. 答：你可以通过购买 3 个月后到期的 80 份欧元期货合约来对冲风险。

17. 答：你可能想签订一份远期合约，在该合约中，你同意在 6 个月后支付 3 000 万欧元以换取 3 000 万美元。

18. 答：你将购买 1 000 份价值 1 亿美元的长期债券期货合约，到期日为下一年。这意味着你将有权以今天的价格卖出长期债券，从而锁定当前利率。

19. 答：这一看跌期权是价外期权，因为当到期价格为 120 点时，你不会选择以 95 点卖出期货。由于期权费为 4 000 美元，你没有行使合约，你在合约上的损失也为 4 000 美元。

20. 答：当你行使合约时，你有 1 点（1 000 美元）的利润，你为看涨期权需支付 1 500 美元期权费，所以你的净利润是 –500 美元，即亏损 500 美元。

21. 答：这需要创建一个 $D_{\text{gap}} = 0$。显然，资产的久期超过了负债的久期，因此银行将采取空头头寸，从而有效地增加其负债。假设空头头寸为 Y（100 万美元）。

$$D_{\text{gap}} = 5 - \frac{83+Y}{100} \times \left(\frac{83}{83+Y} \times 1.8 + \frac{Y}{83+Y} \times 10 \right) = 0$$

$500 = 149.40 + 10Y$，$Y = 35.06$，即空头头寸为 35 060 000 美元。按照目前的价格，这需要 35 060 000/979 000 = 35.812 份合约，即 36 份合约。

22. 答：每份合约的盈利为（96.87 – 96.22）× 10 000 = 650 美元。

23. 答：这位客户按 6 月远期汇率购买，实际支付 169 010 美元。如果这位客户采用 6 月即期汇率购买，成本将为 172 500 美元，节省了 3 490 美元。

24. 答：每份合约盈利为 $\left(101\frac{12}{32} - 98\frac{16}{32} \right) \times 1\,000 = 2\,875$ 美元，如果考虑期权费，则每份盈利 2 125 美元。

25. 答：杜宾公司支付 7.5% × 50 000 美元，同时收到 6% × 50 000 美元，即净支付 1.5% × 50 000 = 750 美元。

第15章

金融行业中的利益冲突

选择题

1. 利益冲突是一种_____问题,当一个人或机构有多个相互冲突的目标时就会发生。
   - (A) 道德风险
   - (B) 逆向选择
   - (C) 风险分担
   - (D) 钓鱼行为

2. 当一个人或机构有多个目标时,就会出现_____问题,这种相互之间的冲突叫做_____。
   - (A) 道德风险;利益冲突
   - (B) 逆向选择;利益冲突
   - (C) 道德风险;钓鱼行为
   - (D) 逆向选择;钓鱼行为

3. 利益冲突的一个问题是,可以减少金融市场的_____,从而增加_____。
   - (A) 信息数量;金融机构利润
   - (B) 信息数量;信息不对称
   - (C) 信息质量;信息不对称
   - (D) 信息质量;金融机构利润

4. 毫无疑问,当金融机构将更多的服务整合到一起时,利益冲突的数量_____,这导致了不道德行为的_____。
   - (A) 增加;增加
   - (B) 增加;减少
   - (C) 下降;增加
   - (D) 下降;减少

5. 当投资银行将一笔受欢迎但定价过低的IPO股票分配给其他公司以便于获取这些公

司的业务的行为，就称之为_____。

（A）钓鱼行为　　　　　　　　（B）贿赂

（C）声誉活动　　　　　　　　（D）回扣

6. 下列哪项对会计师事务所来说不是利益冲突？_____。

（A）该公司提供咨询以及信用评级服务

（B）审计师可能会迫于压力改变他们的意见，这样客户就会留在公司

（C）审计师可能不愿意批评由公司非审计人员提出的建议

（D）审计师为了招揽业务而发布一份过于有利的审计报告

7. 在信用评级机构内部可能产生利益冲突，因为_____。

（A）投资者向信用机构支付评级费用

（B）证券的发行人向信用评级机构支付评级费用

（C）信用评级机构为证券发行人提供审计服务

（D）信用评级机构向投资者提供信用咨询

8. 声誉租金是指_____。

（A）当公司获得规模经济时所获得的利润

（B）与建立公司信誉相关的成本

（C）完全基于公司信誉而获得的利润

（D）与公司实现规模经济相关的成本

9. 哪项政策措施禁止注册会计师事务所在审计的同时向客户提供任何非审计服务？_____。

（A）2002年《萨班斯－奥克斯利法案》

（B）2002年《全面司法和解协议》

（C）1999年《金融服务现代化法案》

（D）1994年《里格尔－尼尔法案》

10. 以下哪项政策措施授权投资者对信用评级机构在提供信用评级时因不计后果而未能获得事实而提起诉讼？_____。

（A）2010年《多德－弗兰克法案》

（B）2002年《萨班斯－奥克斯利法案》

（C）2002年《全面司法和解协议》

（D）1999年《金融服务现代化法案》

（E）1994年《里格尔—尼尔法案》

11. 如果利用利益冲突的动机很高，_____。

（A）消除造成冲突的范围经济可能会导致更高的成本，因为可靠信息的流动减少了

（B）那么政府必须介入以消除冲突

（C）不采取行动消除冲突的成本将永远高于消除冲突的成本

（D）公司总是会介入并努力消除冲突

12. 2002 年的《全面司法和解协议》要求投资银行公开其分析师的建议的条款就是一个_____的例子。

（A）规范透明度　　　　　　　　　（B）监督监督

（C）功能分离　　　　　　　　　　（D）信息生产的社会化

思考题

1. 一家公司怎样通过提供多种金融服务以降低生产信息的成本？
2. 一家公司能够提供多种金融服务，这如何导致利益冲突的产生？
3. 为什么利益冲突会导致金融市场缺乏效率？
4. 利益冲突如何导致不道德的行为？
5. 举例说明当一家投资银行同时提供承销和市场研究时所产生的两个利益冲突。
6. 为什么钓鱼行为会降低金融市场的效率？
7. 举例说明会计公司中会发生的几个利益冲突。
8. 某些评论人士认为，安达信公司崩溃的原因在于这家公司将审计业务和咨询业务结合在一起。这个评论对吗？
9. 举例说明信用评级公司中会发生的两个利益冲突。
10. 举例说明银行中会发生的利益冲突。
11. "利益冲突总会减少可靠信息流量。"这个表述是正确的、错误的还是不确定？解释你的答案。
12. 尝试举出两个例子，说明公司没有利用利益冲突进行牟利也就没有减少金融市场上可靠信息的流量。
13. 什么时候更有可能产生利益冲突？
14. 金融服务公司糟糕的薪酬机制是如何导致利益冲突的？
15. "声誉租金"是什么？它是如何体现的？
16. "《萨班斯-奥克斯利法案》极大地提高了公司的协调成本。因为它极大地降低了市场效率，因此应当被废除。"你是否赞同这种说法，为什么？
17. 你认为《萨班斯-奥克斯利法案》中的哪些要求有意义，哪些要求没有意义？

18. 你认为《全面司法和解协议》中的哪些要求有意义，哪些没有意义？
19. 为什么市场是最小化利益冲突的最佳机制？
20. 当处理利益冲突时，强制性披露的优缺点是什么？
21. 监督者的监管如何减少利益冲突？
22. 为了避免利益冲突而将金融业务职能分离，这样的安排有什么缺点？
23. 由政府提供信息作为利益冲突问题的解决方法，这样的安排具有哪些优点和缺点？
24. 当合规人员参与信用等级评级时，为什么会出现利益冲突？
25. 《多德-弗兰克法案》在哪些方面降低了利益冲突？

参考答案

选择题

1.A；2.A；3.C；4.A；5.A；6.A；7.B；8.C；9.A；10.A；11.A；12.A

思考题

1. 答：一个信息资源可以用来提供几种服务，从而降低每项服务的成本。
2. 答：利益冲突的产生是因为提供一种服务可能会产生更高的利润。如果服务提供者在提供另一种服务时误用信息、提供虚假信息或隐瞒信息，那么在提供另一种服务时可能会产生更高的利润。
3. 答：利益冲突会导致信息质量大幅下降，从而使信息不对称的问题变得更加严重，这使得金融市场无法把资金引向生产性投资机会。其结果是金融市场的效率变得更低。
4. 答：不道德的行为会出现是因为利益冲突会刺激服务提供者撒谎或隐瞒信息，从而损害服务提供者所服务的客户利益。
5. 答：投资银行的分析师可能会歪曲他们的研究，以取悦证券发行人，这样投资银行的承销商就能得到他们的业务。

   投资银行可能会参与钓鱼行为，这是一种回扣的形式，投资银行将热门但价格偏低的 IPO 股票分配给高管，以换取他们公司未来的业务。
6. 答：钓鱼行为使金融市场的效率降低，因为它可能影响高管在发行证券时不使用成本最低的投资银行。其结果将是付出更高的资本成本，从而降低效率。

7. 答：客户可能会向审计师施压，要求他们歪曲意见，以获得其他会计服务的费用。审计人员可能正在审计本公司内部非审计人员的信息系统或结构（税务和财务）建议，因此可能不愿意批评这些系统或结构建议。审计师可能为了招揽或保留业务而提供过于有利的意见。

8. 答：安达信破产的原因并不在于该公司合并了咨询业务审计业务，而是因为休斯顿办公室迫于巨大的压力给出对安然公司的正面评价。安然公司是一个大客户，休斯敦办公室不想失去安然公司的生意。

9. 答：评级机构可能会为一家公司提供更有利的评级，以获得该公司的咨询业务。如果评级机构参与了为公司提供咨询服务的工作，那么它们的评级可能会有偏差，因为它们也在审计自己的工作。评级机构可能会为公司提供更有利的评级，让公司雇用它们进行评级。

10. 答：承销部门可以向银行客户大举出售不良证券；银行可以利用其承销部门出售陷入困境的公司的债券，以便该公司偿还对银行的贷款；银行可能会以过于优惠的条件发放贷款以获得该公司的承销业务；银行可能会让客户购买他们可能不需要的保险。

11. 答：错误。利益冲突如果被利用才会减少可靠信息的流量。如果利用冲突的动机很低，比如因为利用冲突损害了公司的声誉，减少了其未来的业务，那么冲突就不太可能被利用，可靠信息的流量也不会减少。

12. 答：信用评级机构似乎对普通公司债券的信用风险给出了准确的评估，尽管评估费是由发行这些证券的公司支付的。在《格拉斯-斯蒂格尔法案》颁布之前，承销证券的商业银行似乎并没有将承销的不良证券推给客户。如果分析师面临强烈的利益冲突，市场往往可以判断出哪些分析师不值得信任。如果利益冲突导致对审计的信任度下降，会计师事务所的客户就会减少使用非审计服务。

13. 答：当市场无法获知利用利益冲突的行为是否正在发生时，利用利益冲突的公司的声誉就不会受损，因此它们就有了利用利益冲突的动机。

14. 答：如果一项活动的薪酬方案相对于另一项活动的薪酬方案非常高，那么员工在从事低薪酬活动时可能会隐瞒或滥用信息，以便在高薪酬活动中获得更多业务。

15. 答：声誉租金指的是公司的声誉价值。它可以反映在客户从公司购买的产品或服务上，因为声誉让公司在市场上被认为能够提供高质量、可靠的产品或服务。声誉很重要。然而，因为可能会出现利益冲突，机构内的个人可能会有短期的激励来产生结果或实现目标，为公司创造收入，但与公司的原则或长期战略不一致，并且从长远来看，可能会损害公司的声誉。

16. 答：尽管许多人认为《萨班斯－奥克斯利法案》所规定的标准非常烦琐，合规成本高昂，但这些法律在减少利益冲突、避免安达信和安然案所显示的会计丑闻方面是有好处的。从这个意义上说，它可能不应该被废除，但一些人可能同意对此法案进行彻底改革或精简。

17. 答：《萨班斯－奥克斯利法案》要求首席执行官和首席财务官证明公司的财务报表和信息披露的准确性，并要求披露表外交易和与特殊目的实体的关系。这种强制性的信息披露提高了信息的质量，但也有成本高昂的缺点。《萨班斯－奥克斯利法案》还大幅增加了美国上市公司会计监督委员会的职责，这有助于阻止会计行业的利益冲突。此外，通过使审计委员会独立于管理层，审计可能会更加可靠，这是一个重要的好处。然而，《萨班斯－奥克斯利法案》禁止会计师事务所向同一客户提供审计和咨询服务，可能会降低会计师事务所的规模经济效益。

18. 答：《全面司法和解协议》增加了对分析师建议的披露，这有助于增加金融市场的信息。此外，它还要求更多地披露潜在的利益冲突，这有助于市场约束这些利益冲突。《全面司法和解协议》禁止推诿，否则可能会鼓励高管们选择高成本的投资银行来承销他们的证券；禁止推诿使得更有可能出现成本更低、效率更高的承销。《全面司法和解协议》施加的罚款也激励了投资银行避免在未来利用利益冲突。《全面司法和解协议》的负面影响是它将各种活动分离开来，这可能意味着信息生产的规模经济丧失了。《全面司法和解协议》还要求罚款的一部分用于资助独立研究，但尚不清楚独立研究的质量是否高。

19. 答：自我调节的市场机制可能最有效的原因有几个。首先，它不需要政府的明确监管。此外，市场可以通过提高融资成本或降低对其服务需求的形式惩罚违规企业，这可以以较低的利润影响违规企业，并有助于避免在政治化的监管过程中可能发生的过度反应。

20. 答：强制性披露的好处是提供信息，帮助市场评估是否存在利益冲突，从而使市场能够惩罚利用利益冲突的公司。其缺点是可能泄露专有信息或使成本较高，以致金融机构难以从从事信息生产中获利。此外，如果金融公司能够绕过监管规定，继续隐藏有关利益冲突的信息，那么它可能也不会起作用。

21. 答：监督者的监管可以减少利益冲突，因为监督者可能更容易获得关于利益冲突是否存在并被利用的信息，然后可以采取行动阻止它。

22. 答：金融业务职能分离会减少协同作用，从而阻止金融公司利用范围经济这会提高信息生产的成本，减少可靠信息的流量。

23. 答：与私营部门相比，政府机构不太可能发生利益冲突。此外，信息可能是一种供给不足的公共产品，因此政府提供这些信息可能会使市场更有效。但是，政府可能没有私营部门提供高质量信息的良好动机。同时，政府机构很难支付高薪聘用最优秀的人才，因此政府机构提供的信息质量可能不是很好。

24. 答：这代表了利益冲突，因为合规人员的任务是确保一个机构符合所有适用的法律和法规，以及公司内部协议。为了使合规人员在发挥这一作用时可信和有效，至关重要的是，他们不能把自己置于可能产生利益冲突的境地。这种情况在进行信用评级时尤其会发生，因为被评级的公司可以从有利的评级中获得巨大的利益，并可以游说评级机构提高评级。参与这一过程的合规人员可能会面临遵守内部规则与正式法规和改善客户关系与获得更多奖金之间的冲突。

25. 答：《多德－弗兰克法案》通过禁止合规人员从事信用评级工作，并禁止发行资产支持证券的公司四处购买最高评级，这有助于减少利益冲突。如果信用评级机构未能提供准确的评级，此法案还授权投资者起诉信用评级机构。

第16章

中央银行与联邦储备体系

选择题

1. 美联储与世界上其他中央银行相比的独特之处在于它的_____。
   (A) 集中式结构　　　　　　　　(B) 分散结构
   (C) 调节功能　　　　　　　　　(D) 货币政策功能

2. 联邦储备银行是_____机构，因为它们属于_____。
   (A) 准公共；储备银行所在地区的私人商业银行
   (B) 公共；储备银行所在地区的私人商业银行
   (C) 准公共；理事会
   (D) 公共；理事会

3. 商业银行成员购买了它们所在地区联邦储备银行的股票；根据法律规定，该股票的股息每年不得超过_____%。
   (A) 4　　　　　　　　　　　　　(B) 5
   (C) 6　　　　　　　　　　　　　(D) 8

4. 地方联邦储备银行的一项重要职能是_____。
   (A) 设定存款准备金率　　　　　(B) 支票清算
   (C) 决定货币政策　　　　　　　(D) 设定保证金要求

5. 所有_____都必须是美联储的成员。
   (A) 州立特许银行　　　　　　　(B) 货币监理署特许的国家银行

(C) 资产不足 1 亿美元的银行　　　　(D) 资产低于 5 亿美元的银行

6. 在 1980 年之前，成员银行因为_____离开了联邦储备体系。

　　(A) 贴现贷款的高成本　　　　　　(B) 准备金的高成本

　　(C) 避免利率管制的愿望　　　　　(D) 避免信贷控制的愿望

7. 受联邦储备体系规定的准备金要求约束的银行包括哪些银行？_____。

　　(A) 只有国家特许银行

　　(B) 只有资产低于 1 亿美元的银行

　　(C) 只有资产在 5 亿美元以下的银行

　　(D) 所有银行，无论它们是否是联邦储备体系的成员

8. 以下哪项是联邦储备体系理事会的职责？_____。

　　(A) 设定保证金要求，证券购买价格的比例必须是现金支付

　　(B) 根据《Q 条例》设定某类定期存款的最高利率

　　(C) 根据 1969 年《信贷控制法案》对总统进行信贷监管

　　(D) 所有的州长都为美国的经济政策提供建议

9. 联邦公开市场委员会通常每年开会_____次。

　　(A) 4　　　　　　　　　　　　　(B) 6

　　(C) 8　　　　　　　　　　　　　(D) 12

10. 联邦公开市场委员会由_____组成。

　　(A) 理事会 7 名成员中的 5 名高级成员

　　(B) 7 名理事和 7 名地区联邦储备银行行长

　　(C) 7 名理事和 5 名地区联邦储备银行行长

　　(D) 12 位地区联邦储备银行行长和理事会主席

11. 联邦公开市场委员会的大多数成员都是_____。

　　(A) 联邦储备银行行长　　　　　　(B) 联邦咨询委员会的成员

　　(C) 成员银行的行长　　　　　　　(D) 理事会的七名成员

12. 尽管准备金率和贴现率实际上不是由_____制定的，但有关这些政策工具的决策是在那里有效地做出的。

　　(A) 纽约联邦储备银行　　　　　　(B) 理事会

　　(C) 联邦公开市场委员会　　　　　(D) 联邦储备银行

13. 中央银行制定货币政策工具的能力是_____。

　　(A) 政治独立性　　　　　　　　　(B) 目标独立性

　　(C) 政策独立性　　　　　　　　　(D) 工具独立性

14. 官僚行为理论应用到美联储时，有助于解释为什么美联储_____。

（A）支持国会试图限制中央银行的自主权

（B）对未来货币政策的实施保密

（C）在20世纪80年代寻求减少对银行的控制

（D）愿意与可能威胁到其自治权的强大团体较量

15. 成立于1694年的最古老的中央银行是_____。

（A）英格兰银行 （B）德国联邦银行

（C）日本银行 （D）联邦储备体系

思考题

1. 为什么要建立拥有12家地区联邦储备银行的联邦储备体系，而不是像其他国家一样只设立一家中央银行？

2. 为什么第12家地区联邦储备银行（旧金山）在地理上那么大，而对比下来，第2家地区联邦储备银行（纽约市）那么小？

3. 美联储是否应当重新划分其地理边界，就像国会选区定期重新调整一样？为什么？

4. "联邦储备体系的结构设计体现了权力的平衡与制约，这一点类似于美国的宪法。"这一说法是对或错，还是不确定？解释你的答案。

5. 联邦储备体系中的哪个部门控制贴现率、法定存款准备金率、公开市场操作和准备金利率？

6. 地区联邦储备银行可以通过什么方式影响货币政策的实施？

7. 为什么对于地区联邦储备银行的主管而言，即便不是投票方，参加联邦公开市场委员会会议也很重要？

8. 为什么纽约的联邦储备银行总是联邦公开市场委员会投票的一员？

9. 目前每一个地区联邦储备银行（包括纽约联邦储备银行）的行长都不要求经过正式的政治任命和批准程序，你认为这合理吗？为什么？

10. 联邦储备理事会理事任期为14年并且不能连任，你认为这样的规定能够使联邦储备理事会有效地摆脱政治压力吗？

11. 尽管理事会在制定货币政策中扮演着重要的角色，但在理事会任职的席位有时可能会空好几年，这将会发生什么？

12. 美国总统是如何对美联储施加控制的？

13. 为什么由美联储主席提出的政策建议不太可能被其他联邦公开市场委员会的成员投票否决？

14. 美联储在什么方面有高度的工具独立性？如果国会有明确的目标去实现"高就业率，低且稳定的物价"，美联储如何实现目标独立性？
15. 联邦储备体系是美国所有政府机构中独立性最强的。它与其他政府机构间的哪些主要的差别可以解释它所拥有的较强独立性？
16. 国会用来控制美联储的主要工具是什么？
17. 美联储是否应该接受对其政策、程序和财务的定期审计？为什么？
18. 20世纪60年代至20世纪70年代，联邦储备体系迅速失去了大量的成员银行。为此，联邦储备体系发动了要求所有商业银行都成为其成员的立法运动。官僚行为理论可以解释这场立法运动吗？联邦储备体系在这场立法运动中取得成功了吗？
19. "官僚行为理论认为，联邦储备体系从来不会基于公众利益行事。"这一说法是正确、错误还是不确定的，解释你的答案。
20. 为什么削弱美联储的独立性会导致更明显的政治经济周期？
21. "联邦储备体系的独立性使得它对自己的行动完全不承担任何责任。"这一说法是正确、错误还是不确定的，解释你的答案。
22. "联邦储备体系的独立性，使其具有长远眼光，追求长期目标而不是短期目标。"这一说法是正确、错误还是不确定的，解释你的答案。
23. 联邦储备体系通过不立即向国会或公众公布联邦公开市场委员会的指令来增强保密性。讨论该政策正反两方面的观点。
24. 美国的联邦储备体系和欧洲的中央银行体系谁更独立，为什么？
25. 为什么直到1997年英格兰银行才有较少的独立性？

数据分析题

26. 登录圣路易斯联邦储备银行数据库⊖，找到以下州的失业率：肯塔基州（KYUR）、北达科他州（NDUR）、阿拉斯加州（AKUR）、纽约州（NYUR）、阿拉巴马州（ALUR）、得克萨斯州（TXUR）以及美国全国的失业率（UNRATE）

    a. 根据最近一个月现有的数据，确定哪些州的失业率最高，哪些州的失业率最低，这些数据与美国全国的失业率相比如何？

    b. 根据你对a部分的回答，能说明美联储所有12个地区的行长都有必要参加联邦公开市场委员会会议吗？

27. 登录圣路易斯联邦储备银行数据库查找关于联邦基金利率目标（DFEDTAR、

⊖ 网址为 https://fred.stlouisfed.org。

DFEDTARU 和 DFEDTARL）和贴现率，或主要信贷利率（DPCREDIT）。上一次联邦基金利率目标是在何时变动的？上一次主要信贷利率是在何时变动的？利率上升了还是下降了？

参考答案

选择题

1.B；2.A；3.C；4.B；5.B；6.B；7.D；8.A；9.C；10.C；11.D；12.C；13.D；14.B；15.A

思考题

1. 答：由于美国公众传统上对中央银行和中央集权充满敌意，设立由12家地区银行组成分散化的体系是为了将权力按地区划分。

2. 答：1913年联邦储备银行设立分区时，分区的划分反映了当时普遍存在的大致平等的人口和经济利益。由于西海岸相对于东海岸人口稀少，这意味着与纽约的第2区相比，第12区的面积要大得多。

3. 答：从理论上讲，重新划分地区以反映自1913年最初的《联邦储备法》以来更大的经济利益和人口向西部和南部各州的流动，这听起来是合理的。然而，在实践中，这将需要国会重写《联邦储备法》并重新划定边界，这可能为政治利益集团创造更多的机会来干扰货币政策进程，并可能需要很长的时间来解决。

4. 答：正确。与美国宪法一样，最初由《联邦储备法》建立的联邦储备体系也有许多制衡措施，是美国特有的一个机构。12家地区银行影响贴现政策的能力被视为对理事会集中权力的制衡，就像各州的权利是对联邦政府集中权力的制衡。规定三种类型的董事（A、B、C）代表不同的群体（专业银行家、商业人士和公众），目的也是防止任何群体支配美联储。联邦储备体系独立于联邦政府，并将联邦储备银行设为法人机构，是为了进一步限制政府对银行业的权力。

5. 答：美联储设定法定存款准备金率和贴现率；联邦公开市场委员会指导公开市场操作。然而，在实际操作中，联邦公开市场委员会帮助制定有关准备金利率和贴现率的决策。

6. 答：地区联邦储备银行通过对每家银行贴现设施的管理，以及由五名行长担任联邦公开市场委员会委员来影响货币政策的实施，联邦公开市场委员会是美联储的主要政策制定机构。

7. 答：这一点很重要，因为即使这些主管目前是无表决权的成员，这也使他们有机会提供关于本地区经济健康状况的信息，而这些信息可能与其他地区截然不同，为任何政策决定提供了重要背景。

8. 答：纽约联邦储备银行在美联储的运作和货币政策方面发挥着极其重要的作用。它的辖区内有许多美国最大的商业银行，它对银行控股公司有监管权，而且与大多数金融市场的运作非常接近，因此纽约联邦储备银行可以对经济和金融市场的运作情况保持密切的监控。此外，公开市场交易台设在纽约联邦储备银行，其任务是执行货币政策的公开市场操作的指令。以此身份，纽约联邦储备银行直接与债券和外汇交易商对接。此外，纽约联邦储备银行是国际清算银行的成员，并拥有美国最大的黄金存款。因此，纽约联邦储备银行极为重要，并且在联邦公开市场委员会的审议中总是获得投票权。

9. 答：一些人可能会认为，地区联邦储备银行的行长应该被提名，并通过与理事会成员相同的正式程序，以确保他们有资格并将以促进公众利益的身份任职。毕竟，地区联邦储备银行的行长作为联邦公开市场委员会的有投票权或无投票权的成员参与货币政策的决策，所以他们可以在政策问题上发挥影响力。此外，一些人担心，地区内的商业银行帮助决定谁将成为他们的地区联邦储备银行总裁，可能会导致利益冲突，因为地区联邦储备银行有监督这些银行的责任。然而，建立一个正式的政治任命和批准程序可能是漫长的，并使许多地区联邦储备银行在相当长的一段时间内没有领导，这可能会造成更多的问题。

10. 答：这一规定并不能保证理事完全不受政治影响。理事知道他们的官僚权力可以受到国会立法的约束，所以仍然必须讨好国会和总统。此外，为了获得监管金融系统的额外权力，理事需要得到国会和总统的支持，以通过有利的立法。

11. 答：由于理事会成员必须由总统任命，并由参议院确认，填补空位所涉及的政治过程有时可能是艰巨而漫长的，特别是如果参议院的多数党来自总统的对立派。因此，找到愿意服务的合格人员并忍受审查过程有时会很困难。

12. 答：总统可以通过几种方式影响美联储。首先，总统可以影响国会，国会过去曾威胁要立法，以各种方式减少美联储的独立性。此外，总统任命几位理事会成员的情况并不罕见，因此，总统有机会挑选可能具有特定经济意识形态的人。另外，总统可以每四年任命一位新的理事会主席；尽管前任主席可以完成他在理事会的任期，但根据传统，他们通常要辞职。

13. 答：尽管联邦公开市场委员会的每个人都有一票，但政策审议无疑将反映主席的偏好。首先，美联储主席是货币政策的代言人，因此，如果他的建议在重要的政策问题上被否决，这可能会在公众和金融市场中产生大量的不确定性。此外，主席制定议程，并为研究和分析的目的选择工作人员，因此他有机会改变会议的发展方式，以及提出数据，以支持他的建议。

14. 答：美联储具有高度的工具独立性，即它可以选择任何它想要的方法，以实现一套特定的政策目标。美联储在过去采取了调整货币供应量的形式；然而，美联储现在（与大多数其他中央银行一起）选择使用短期利率作为其主要政策工具。尽管有"高就业率"和"低而稳定的物价"的目标，美联储还是有相当大的目标独立性的，因为它在解释"高就业率"和"低而稳定的物价"的实际含义方面有很大的自由性的。在许多其他国家，目标的独立性要低得多，特别是对于有正式通货膨胀目标的国家，这可能是由政府授权的。

15. 答：联邦储备体系更加独立，因为它从证券和贴现贷款中获得的大量收入使它能够控制自己的预算。

16. 答：国会获得的对美联储财政和预算的更大控制权。

17. 答：一方面，如果美联储受到更多的监督，特别是在政策问题上，政策审计的前景有可能对美联储施加隐性压力，使其出于政治原因推行（或不推行）特定政策。这可能使美联储的独立性降低，导致不太理想的经济结果。另一方面，对美联储的审计使其更加负责任，这符合民主原则。

18. 答：官僚行为理论表明，联邦储备体系希望通过要求所有银行成为其成员来获得尽可能多的权力。尽管联邦储备体系没有成功地通过立法，要求所有银行成为该体系的成员，但它成功地让国会通过立法，将许多以前只强加于成员银行的监管规定（例如，准备金要求）扩展到所有其他存款机构。因此，联邦储备体系成功地扩大了自己的权力。

19. 答：错误。使自己的福利最大化并不排除利他主义。为公众利益而运作显然是联邦储备体系的一个目标。官僚行为理论只是指出，其他目标，如权力最大化，也影响联邦储备体系的决策。

20. 答：取消美联储的独立性可能会使其更加短视，并受到政治影响。因此，当在选举前通过扩张性政策可以获得政治利益时，美联储可能更有可能从事这种活动，因此，可能会导致更明显的政治经济周期。

21. 答：错误。联邦储备体系仍然受到政治压力，因为国会可以通过立法来限制联邦储备体系的权力。如果联邦储备体系表现不佳，国会可以通过联邦储备体系不喜欢的立法，让联邦储备体系承担责任。

22. 答：不确定。尽管独立性可能有助于联邦储备体系放眼长远，因为其人员不会直接受到下次选举结果的影响，但联邦储备体系仍可能受到政治压力的影响。此外，由于联邦储备体系的独立性，它缺乏问责制，这可能会使联邦储备体系更加不负责任。因此，我们并不完全清楚联邦储备体系是否因为其独立性而变得更有远见。

23. 答：不立即公布联邦公开市场委员会会议纪要的理由是，这会让国会远离联邦储备体系，从而使联邦储备体系能够实行独立的货币政策，不太受通货膨胀和政治经济周期的影响。立即公布会议纪要的理由是，这会让联邦储备体系更负责任。增加透明度有助于形成市场预期，从而有助于进一步促进货币政策行动的目标。

24. 答：欧洲的中央银行体系比美国的联邦储备体系更独立。因为它的章程只能通过修订《马斯特里赫特条约》来改变，这是一个非常困难的过程，因为条约的所有签署国都必须同意接受任何拟议的改变，而美国的联邦储备体系的章程可以通过立法来改变，这要容易得多。另一方面，欧洲的中央银行体系的目标比美国的联邦储备体系更明确，因为《马斯特里赫特条约》规定，欧洲中央银行的首要长期目标是价格稳定，尽管它没有具体说明"价格稳定"的确切含义。

25. 答：在1997年之前，英格兰银行几乎没有独立性，因为利率政策完全由英国财政部（财政大臣）决定。

数据分析题

26. 答：a. 2017年5月，美国各州的失业率从高到低依次为：阿拉斯加州（6.7%）、肯塔基州（5%）、阿拉巴马州（4.9%）、得克萨斯州（4.8%）、纽约州（4.4%）、北达科他州（2.5%）。很明显，一些州失业率高于4.3%的全国失业率，而其他州失业率则低于全国失业率。失业率最高的州和最低的州之间的差距是4.2个百分点，这是相当大的。

b. 考虑到这一组数据的失业率差异很大，这是有道理的。所有地区联邦储备银行的行长都参与联邦公开市场委员会的讨论，以便能够投票的联邦公开市场委员会的成员了解整个国家的经济状况，而不是只了解他们自己的地区或华盛顿特区附近，如果只有投票的人参加的话，这些讨论忽略关于经济状况的重要讨论并且可能导致货币政策决策不当。

27. 答：截至2017年7月12日，上一次调整联邦基金利率目标是在其此前定于2017年6月14日（星期三）召开的联邦公开市场委员会会议。目标范围从0.75%~1.00%到1.00%~1.25%。最后一个一级信贷利率变化的时间是在同一次联邦公开市场委员会会议上，从1.50%增加到1.75%。

第 17 章

货币供给过程

选择题

1. 货币供应过程中的三个主体包括_____。
   - (A) 银行、储户和美国财政部
   - (B) 银行、储户和借款人
   - (C) 银行、储户和中央银行
   - (D) 银行、借款人和中央银行

2. 美联储的负债包括_____。
   - (A) 向金融机构提供证券和贷款
   - (B) 流通中的货币和准备金
   - (C) 证券和准备金
   - (D) 流通中的货币和对金融机构的贷款

3. 准备金等于_____之和。
   - (A) 法定准备金和超额准备金
   - (B) 法定准备金和库存现金
   - (C) 超额准备金和库存现金
   - (D) 库存现金和总储备

4. 美联储向银行收取的贷款利率是_____。
   - (A) 联邦基金利率
   - (B) 国库券利率
   - (C) 贴现率
   - (D) 优惠利率

5. 高能货币减去准备金等于_____。
   - (A) 准备金
   - (B) 流通中的货币
   - (C) 基础货币
   - (D) 非借入储备

6. 当美联储向第一国民银行提供100美元的贴现贷款时，银行系统中的准备金_____。
   - (A) 增加100美元
   - (B) 增加超过100美元

(C) 减少 100 美元 　　　　　　　　(D) 减少超过 100 美元

7. 假设一个人兑现他的工资支票，并以货币的形式持有所有的资金。其他一切保持不变，银行系统的总准备金_____，基础货币_____。

 (A) 保持不变；增加 　　　　　　(B) 减少；增加

 (C) 减少；保持不变 　　　　　　(D) 减少；减少

8. 如果存款准备金率为 10%，单个银行可以增加贷款的最大金额等于_____。

 (A) 超额准备金 　　　　　　　　(B) 10 倍的超额准备金

 (C) 10% 的超额准备金 　　　　　(D) 总准备金

9. 如果其他一切保持不变，超额准备金持有量的减少将意味着_____。

 (A) 货币供应量下降 　　　　　　(B) 货币供应量增加

 (C) 支票存款减少 　　　　　　　(D) 贴息贷款增加

10. 在货币供给过程模型中，存款人对货币供给的影响作用表示为_____。

 (A) 货币持有 　　　　　　　　　(B) 货币持有和超额准备金

 (C) 货币持有和借入的储备 　　　(D) 市场利率

11. 如果法定准备金率为 10%，流通中的货币为 4 000 亿美元，支票存款为 8 000 亿美元，超额准备金总额为 8 亿美元，那么 M1 货币乘数为_____。

 (A) 2.5 　　　　　　　　　　　　(B) 1.67

 (C) 2.0 　　　　　　　　　　　　(D) 0.601

12. 美联储资产中最重要的类别是什么？_____。

 (A) 证券 　　　　　　　　　　　(B) 贴现贷款

 (C) 黄金和特别提款权 　　　　　(D) 在途资金

13. 在其他条件不变的情况下，现金比率上升意味着 M2 货币乘数_____，M2 货币供应量_____。

 (A) 增加；增加 　　　　　　　　(B) 增加；减少

 (C) 减少；增加 　　　　　　　　(D) 减少；减少

14. 在简单的存款扩张模型中，当存款准备金率为 10% 时，支票存款下降 500 美元意味着美联储_____。

 (A) 出售 500 美元的政府债券 　　(B) 出售 50 美元的政府债券

 (C) 购买 50 美元的政府债券 　　 (D) 购买了 500 美元的政府债券

思考题

1. 将以下在货币供给过程中几个参与者——美联储、银行和公众的交易行为分为以下几类："资产""负债"或其他。

a. 你在银行取得 10 000 美元的借款去买汽车。

b. 你在当地银行将 400 美元存入账户。

c. 美联储为银行提供 1 000 000 美元的紧急贷款。

d. 银行从另一家银行借 500 000 美元的隔夜贷款。

e. 在一家饭店吃饭时，你使用借记卡花费 100 美元。

2. 第一国民银行收到多于 100 美元的准备金，但决定不把其借出。这对于整个银行系统，将会产生多少存款？

3. 假定美联储向第一国民银行购买 100 万美元的债券。如果第一国民银行和其他所有银行仅将这笔增加的准备金用于购买证券而不发放贷款，则支票存款将发生什么变化？

4. 如果银行存款者从账户中提取 1 000 美元，准备金、支票存款和基础货币将会发生什么变化？

5. 如果银行向美联储出售 1 000 万美元的债券以此来付 1 000 万美元的贷款，对于支票存款而言会有什么变化？

6. 如果你决定比平常少持有 100 美元现金，从而在银行多存入 100 美元现金，如果其他公众保持其持有的货币不变，这将对银行系统中的支票存款产生什么影响？

7. "美联储可以完美地控制银行体系中的准备金。"这个说法是正确的、错误的，还是不确定的？请解释。

8. "美联储可以完美地控制基础货币，但不能控制基础货币的组成部分。"这个说法是正确的、错误的，还是不确定的？请解释。

9. 如果银行体系的信贷风险增加，而其他一切都不变，这将对货币乘数产生什么影响？

10. 如果银行可以收取的贷款利率提高，而其他一切都不变，这将对货币乘数产生什么影响？

11. "货币乘数必然大于 1"这个说法是正确的、错误的，还是不确定的？请解释。

12. 金融恐慌将会对货币乘数和货币供给产生什么影响？为什么？

13. 在 1930～1933 年大萧条期间，现金比率和超额准备金率急剧上升。这些因素对货币乘数有什么影响？

14. 2008 年 10 月，美联储开始向银行持有的超额准备金付利息。如果是这样，可能会怎样影响多倍扩张过程和货币供给？

15. 在 1930～1933 年大萧条期间，货币乘数大大下降，在最近的 2008～2010 年金融危机中货币乘数也大大下降，M1 货币供应量在萧条期间下降 25%，在最近的金融危机中增长超过 20%，是什么导致了两者的不同？

应用题

16. 如果美联储向第一国民银行出售 200 万美元的债券，准备金和基础货币将如何变化？使用 T 账户说明你的答案。

17. 如果美联储向投资者欧文出售 200 万美元的债券，欧文用一皮箱的现金付款，这对准备金和基础货币有何影响？使用 T 账户说明你的答案。

18. 如果美联储向 5 家银行总共发放 1 亿美元的贷款，但与此同时存款人提现 5 000 万美元，并且以现金形式持有，准备金和基础货币会有什么变化？使用 T 账户说明你的答案。

19. 运用 T 账户，说明美联储向第一国民银行发放 100 万美元的贷款时，银行体系中支票存款的变化。

20. 运用 T 账户，说明美联储向第一国民银行出售 200 万美元的债券时，银行体系中支票存款的变化。

21. 如果美联储向第一国民银行购买 100 万美元的债券，新增存款的 10% 作为超额准备金持有，则支票存款总共增加了多少？（提示：使用 T 账户表示存款创造过程的每一步骤。）

22. 如果银行体系中的准备金增加了 10 亿美元的原因是美联储借给金融机构 10 亿美元，支票存款增加了 90 亿美元，那么为什么银行体系仍没有处于均衡状态？在达到均衡之前，银行体系还会进一步发生什么变化？用 T 账户说明银行体系的均衡状态。

23. 如果美联储通过向银行出售价值 500 万美元的债券来减少准备金，当银行体系达到均衡时，其 T 账户是什么样的？对于支票存款又有什么变化？

24. 如果美联储出售价值 100 万美元的债券且银行减少其在美联储贷款 100 万美元，请你预测这将会对货币供给产生什么影响？

25. 假设流通中的现金为 6 000 亿美元，支票存款为 9 000 亿美元，超额准备金为 150 亿美元。

    a. 计算货币供给、存款比率、超额准备金率以及货币乘数。

    b. 为了应对经济紧缩，中央银行公开市场购买银行持有的 14 000 亿美元债券，假设你在 a 中计算的比率不变，预测此举对货币供给的变化。

    c. 假设中央银行采取 b 中提到的举措，同时银行害怕金融危机选择持有准备金而不将其贷出。假设现金和贷款保持不变，对于超额存款准备金、超额准备金率、货币供给和货币乘数而言会有什么变化？

d. 在 2008 年的金融危机中，美联储向银行系统注入大量流动性，与此同时，贷款很少发生。结果，M1 货币乘数从 2008 年 10 月到 2011 年一直低于 1，这种现象与你在 c 中的回答有什么联系吗？

数据分析题

26. 登录圣路易斯联邦储备银行数据库，查找关于现金（CURRNS）、总支票存款（TCDNS）、总准备金（RESBALNS）和法定准备金（RESBALREQ）的最新数据。

    a. 计算现金存款比率 c。

    b. 使用 RESBALNS 和 RESBALREQ 计算超额准备金，然后计算超额准备金率 e 的值。在计算时，要确保总准备金和法定准备金的单位是一样的。

    c. 假设法定存款准备金率 rr 为 11%，计算货币乘数 m 的值。

27. 登录圣路易斯联邦储备银行数据库，查找 M1 货币存量（M1SL）和基础货币（AMBSL）的数据。

    a. 使用最新可用的数据和 5 年前的数据，计算货币乘数的值。

    b. 根据你对 a 部分的回答，1 亿美元的公开市场证券购买会在多大程度上影响当下和五年前的 M1 货币供应量。

参考答案

选择题

1.C；2.B；3.A；4.C；5.B；6.A；7.C；8.A；9.B；10.A；11.A；12.A；13.D；14.B

思考题

1. 答：a. 公众：由于购买汽车，资产增加了 10 000 美元，由于贷款，负债增加了 10 000 美元。银行：由于贷款，资产增加 10 000 美元，这被储备资产减少 10 000 美元所抵销。

    b. 公众：资产不受影响（支票存款增加 400 美元，货币持有量减少 400 美元）。银行：资产因准备金增加而增加 400 美元；因支票账户余额负债增加 400 美元。美联储：负债不受影响（储备金增加 400 美元，货币减少 400 美元）。

c. 银行：资产增加 100 万美元；负债增加 100 万美元，是应向美联储借款的金额。美联储：资产增加，是 100 万美元的贷款；由于准备金增加，负债增加 100 万美元。

d. 整个银行体系的资产和负债不受影响；然而，个别银行的资产负债表将因贷款而发生变化。

e. 公众：资产因 100 美元的食物价值而增加，并因 100 美元的支票账户余额减少而减少。整个银行体系的资产和负债不受影响；然而，当资金从你的银行账户转到餐厅的银行账户时，银行的资产负债表会发生变化。

2. 答：没有产生存款。由于没有从新准备金中创造贷款，因此没有额外的存款创造产生。

3. 答：支票存款将保持不变。

4. 答：准备金将减少 1 000 美元，支票存款将减少 1 000 美元，但基础货币将保持不变，因为准备金减少的数额与货币减少的数额相等。

5. 答：无变化。减少 1 000 万美元的贷款和增加 1 000 万美元的债券使准备金水平保持不变，从而使可开支票存款保持不变。

6. 答：在银行存入 100 美元将使银行增加 100 美元的准备金。这会导致多重存款扩张的过程，导致货币供应量增加。

7. 答：错误。一般来说，美联储会在需要的时候向银行贷款，并且基于作为最后贷款人的意愿。因此，从这个意义上说，当银行的准备金借款需求出现时，美联储是受其支配的，因此不能完全控制银行体系中的准备金数量。

8. 答：错误。由于美联储无法控制向金融机构提供的贴现贷款的数量，它也无法完全控制准备金的数量，因此也就无法完全控制基础货币。

9. 答：在保持市场贷款利率不变的情况下，如果信贷风险增加，经风险调整后的贷款收益率将下降，因此银行更有可能借出较少的超额准备金。这将导致超额准备金率上升，从而降低货币乘数。

10. 答：如果市场贷款利率相对于超额准备金支付的利率上升，持有超额准备金的机会成本上升，因此银行更有可能借出更多超额准备金。这将导致超额准备金率下降，从而增加货币乘数。

11. 答：错误的。根据货币乘数公式可知，如果 $rr + e$ 大于 1，则货币乘数小于 1。但实际上，e 相当小，以至于 $rr + e$ 小于 1，因此货币乘数大于 1。

12. 答：在给定的基础货币上，金融恐慌可能会减小货币乘数和货币供给。在金融恐慌中，银行会发放风险较低的贷款，并拥有更多的流动性，这将提高超额准备金率，降低货币乘数。此外，存款人可能会担心银行的健康状况，增加他们的货币持有量，这也会降低货币乘数。

13. 答：这两个因素都降低了货币乘数。

14. 答：为准备金支付利息会激励银行持有更多的准备金，而不是把它们贷出去，这应该会提高超额准备金率，降低货币乘数，减少货币供给，保持基础货币不变。

15. 答：不同之处在于，在2008~2010年金融危机期间，基础货币大幅增加，这足以抵消乘数下降的影响。在大萧条时期，基础货币即使有增长，也是适度的。

应用题

16. 答：如下表所示，准备金和基础货币减少了200万美元：

第一国民银行

资产（万美元）	负债（万美元）
准备金 -200 证券 +200	

联邦储备体系

资产（万美元）	负债（万美元）
证券 -200	准备金 -200

17. 答：准备金未变，但基础货币因货币减少而减少200万美元，如下表所示：

投资者欧文

资产（万美元）	负债（万美元）
现金 -200 证券 +200	

联邦储备体系

资产（万美元）	负债（万美元）
证券 -200	现金 -200

18. 答：贷款对银行系统、联邦储备体系和公众的T账户影响如下表所示。

银行系统（5家银行）

资产（亿美元）	负债（亿美元）
准备金 +1	贷款（美联储借款）+1

联邦储备体系

资产（亿美元）	负债（亿美元）
贷款（美联储借款）+1	准备金 +1

公众

资产	负债
无变化	无变化

在公众取出 5 000 万美元存款作为货币持有后，T 账户如下表所示。

银行系统（5 家银行）

资产（万美元）	负债（万美元）
准备金 +5 000	贷款（美联储借款）+10 000
	现金 −5 000

联邦储备体系

资产（万美元）	负债（万美元）
贷款（美联储借款）+10 000	准备金 +5 000
	现金 +5 000

公众

资产（万美元）	负债（万美元）
支票存款 −500	
现金 +500	

19. 答：相关 T 账户如下表所示。

联邦储备体系

资产（万美元）	负债（万美元）
贷款（美联储借款）+100	准备金 +100

第一国民银行

资产（万美元）	负债（万美元）
准备金 +100	贷款（美联储借款）+100

第一国民银行收到准备金后，这些超额准备金被贷了出去；通过多重存款创造，第一国民银行准备金的增加将支持 1 000 万美元的新贷款和支票存款，增加 1 000 万美元的货币供应。多重存款创造的最终效果的 T 账户如下表所示：

联邦储备体系

资产（万美元）	负债（万美元）
贷款（美联储借款）+1 000	准备金 +1 000

第一国民银行

资产（万美元）	负债（万美元）
准备金 +100	贷款（美联储借款）+100
贷款 +1 000	支票存款 +1 000

20. 答：美联储向第一国民银行出售债券后，减少了 200 万美元的准备金。最终的结果是银行系统的支票存款减少了 2 000 万美元。对美联储和第一国民银行的初步影响的 T 账户如下表所示：

联邦储备体系

资产（万美元）	负债（万美元）
证券 −200	准备金 −200

第一国民银行

资产（万美元）	负债（万美元）
证券 +200	
准备金 −200	

在银行准备金下降之后，多重存款创造的过程反向运行，因此对美联储和第一国民银行的资产负债表的最终影响的 T 账户如下表所示：

联邦储备体系

资产（万美元）	负债（万美元）
证券 −200	准备金 −200

第一国民银行

资产（万美元）	负债（万美元）
证券 +200	支票存款 −2 000
准备金 −200	
贷款 −2 000	

21. 答：支票存款的增加额仅为 500 万美元，大大低于不持有超额准备金时的 1 000 万美元。原因是第一国民银行现在最终持有 20% 的存款作为准备金，贷出 80% 的存款，因此在 T 账户中支票存款的增加总额是 1 000 000 美元 + 800 000 美元 + 640 000 + 512 000 + 409 600 美元 + … = 5 000 000 美元。债券购买效果的 T 账户如下表所示：

联邦储备体系

资产（万美元）	负债（万美元）
证券 +100	准备金 +100

第一国民银行

资产（万美元）	负债（万美元）
证券 −100	
准备金 +100	

在增加准备金和多重存款创造的过程之后，美联储和第一国民银行的 T 账户如下表所示：

联邦储备体系

资产（万美元）	负债（万美元）
证券 +100	准备金 +100

第一国民银行

资产（万美元）	负债（万美元）
证券 −100	支票存款 +500
准备金 +100	
贷款 +500	

22. 答：银行系统仍未达到平衡，因为仍有 1 亿美元的超额准备金（10 亿美元准备金减去 9 亿美元法定准备金，90 亿美元存款的 10%）。超额准备金将被贷出，直到与额外的 10 亿美元支票存款达到平衡。银行系统处于均衡状态时的 T 账户如下表所示：

银行系统	
资产（亿美元）	负债（亿美元）
准备金 +10 贷款 +100	贷款（美联储借款）+10 支票存款 +100

23. 答：当银行系统处于均衡状态时，支票存款将减少 5 000 万美元。支持货币供应量的准备金减少 500 万美元）。相关 T 账户如下表所示：

银行系统	
资产（万美元）	负债（万美元）
准备金 −500 证券 +500 贷款 −5 000	支票存款 −5 000

24. 答：美联储出售 100 万美元债券将使基础货币减少 100 万美元，而从美联储减少借款将使基础货币再减少 100 万美元。结果是基础货币减少 200 万美元，导致货币供应量的下降。

25. 答：a. 货币供应量为 $M = C + D = 6\,000 + 9\,000 = 15\,000$（亿美元）

$c = C/D = 6\,000/9\,000 = 0.667$

$e = ER/D = 150/9\,000 = 0.017$

$m = (1 + c)/(rr + e + c) = 1.667/0.783 = 2.13$

b. 基础货币将增加到 $6\,000 + 9\,000 \times 10\% + 150 + 14\,000 = 21\,050$ 亿美元；考虑到 a 部分计算的货币乘数，这意味着货币供应量应该增加到 $21\,050 \times 2.13 = 44\,836.5$ 亿美元。

c. $ER = 14\,150$ 亿美元；

$e = 1\,415/900 = 1.57$；

$m = (1 + 0.667)/(0.1 + 1.57 + 0.667) = 0.71$。货币供应量仍然是 1 500 亿美元，因为货币和存款都没有改变。

d. c 部分的结果表明，如果大量准备金进入银行体系，但被作为超额准备金持有，货币乘数有可能小于 1。

数据分析题

26. 答：a. $c = $ CURRNS / TCDNS $= 1\,473.7/2\,020.0 = 0.73$

b. 超额准备金的计算方法为 RESBALNS − RESBALREQ = 2 225.769 − 115.464 = 2 110.305（单位：10 亿美元）。

也就是 21 103.05 亿美元。因此，e = (RESBALNS − RESBALREQ)/TCDNS = 2 110.305/2 020.0 = 1.044。

c. 根据上述数据，m = 1.73/（0.73 + 1.044 + 0.11）= 0.92。

27. 答：a. 2017 年 5 月货币乘数为 3 505.4/3 796.5 = 0.92；2012 年 5 月的乘数为 2 257.6/2 635.1 = 0.86。

    b. 1 亿美元的公开市场证券购买将使基础货币增加 1 亿美元，假设在 2017 年 5 月将使 M1 货币供应量增加 0.92 × 10 000 = 9 200 万美元，同样的公开市场证券购买将导致在 2012 年 5 月的 M1 货币供应量增加 0.86 × 10 000 = 8 600 万美元。

第 18 章

货币政策工具

选择题

1. 银行间隔夜拆借准备金的利率为_____。
   - (A) 优惠利率
   - (B) 贴现率
   - (C) 联邦基金利率
   - (D) 国库券利率

2. 美联储货币政策立场的主要指标是_____。
   - (A) 贴现率
   - (B) 联邦基金利率
   - (C) 基础货币的增长率
   - (D) M2 的增长率

3. 准备金要求的数量等于_____。
   - (A) 法定准备金加上借款准备金
   - (B) 超额准备金加上借款准备金
   - (C) 法定准备金加上超额准备金
   - (D) 总准备金减去超额准备金

4. 持有超额准备金的机会成本是联邦基金利率_____。
   - (A) 减去贴现率
   - (B) 加上贴现率
   - (C) 加上超额准备金支付的利率
   - (D) 减去超额准备金支付的利率

5. 在准备金市场中,当联邦基金利率高于超额准备金支付的利率时,准备金需求曲线为_____。
   - (A) 垂直的
   - (B) 水平的
   - (C) 正倾斜
   - (D) 负倾斜

6. _____是最重要的货币政策工具，因为它是_____变化的主要决定因素，是货币供应波动的主要来源。

（A）公开市场操作；基础货币　　　（B）公开市场操作；货币乘数

（C）法定准备金；基础货币　　　　（D）法定准备金；货币乘数

7. 公开市场购买提升_____，从而提升_____。

（A）货币乘数；货币供应　　　　（B）货币乘数；基础货币

（C）货币基础；货币供应　　　　（D）货币基础；货币乘数

8. 公开市场销售减少_____，从而降低_____。

（A）货币乘数；货币供应量　　　　（B）货币乘数；储备和基础货币

（C）准备金和基础货币；货币供应量　（D）基础货币；货币乘数

9. 公开市场操作的两种类型是_____。

（A）进攻型的和防御型的　　　　（B）主动型的和保守型的

（C）主动的和被动的　　　　　　（D）主动型的和防御型的

10. 当美联储签订回购协议以抵消财政部从美联储撤出的资金时，公开市场操作被称为_____。

（A）防御型的　　　　　　（B）进攻型的

（C）主动型的　　　　　　（D）保守型的

11. 从2007年9月金融危机开始前到2009年底金融危机结束，美联储的资产数量上升，导致_____。

（A）基础货币的巨大增长　　　　（B）货币供应的巨大扩张

（C）经济扩张　　　　　　　　　（D）高通货膨胀率

12. 从2007年9月金融危机开始前到2009年底金融危机结束，美联储资产负债表和基础货币的大幅扩张并没有导致货币供应量的大幅增加，因为_____。

（A）大部分资金流入了超额准备金　（B）美联储也提高了存款准备金率

（C）美联储也进行了公开市场出售　（D）贴现贷款减少

13. 当经济面临利率零下限的问题时，以下哪一种货币政策工具更有效？_____。

（A）公开市场操作　　　　　（B）贴现贷款政策

（C）法定准备金率　　　　　（D）美联储的流动性供给

14. 美联储承诺将联邦基金利率长期维持在零的目的是_____。

（A）降低长期利率　　　　　（B）降低短期利率

（C）提高长期利率　　　　　（D）提高短期利率

15. 为了降低住房抵押贷款利率以刺激住房市场，美联储将公开市场操作的范围扩大到购买_____。

(A) 抵押贷款支持证券　　(B) 商业票据
(C) 长期国债　　(D) 中期国债和短期国债

思考题

1. 如果公开市场交易室的经理听说暴风雪即将袭击纽约市，这会加大支票递送的难度，使浮款增加，这位经理会采取什么样的防御型公开市场操作？

2. 在假期，公众持有的现金通常会增加，这时一般会进行什么样的防御型公开市场操作？为什么？

3. 如果财政部给国防承包商支付一大笔金额，使得财政部在美联储的存款减少，公开市场交易室的经理会进行怎样的防御型公开市场操作？

4. 如果浮款降到正常水平之下，为什么公开市场操作的经理认为最好使用回购协议影响基础货币，而不是直接购买债券？

5. "美联储影响借入准备金水平的唯一方法是调整贴现率。"判断这一说法是正确的、错误的还是不确定的？解释你的答案。

6. "联邦基金利率永远不会超过贴现率。"这句话是正确的、错误的，还是不确定的？解释你的答案。

7. "联邦基金利率永远不会低于超额准备金利率"。这一说法是正确的、错误的，还是不确定的？解释你的答案。

8. 为什么对准备金支付利息是美联储管理危机的一个重要工具？

9. 为什么回购协议用于最短期的货币政策操作，而不是简单的公开市场购买证券和公开市场出售证券？

10. 目前，大多数的公开市场操作采用回购协议的形式。这种情况告诉我们，相对于主动型公开市场操作，防御型公开市场操作可能的规模是多大？

11. 继 2008 年全球金融危机后，美联储资产负债表中的资产大幅增加，从 2007 年年底的约 8 000 亿美元上升到今天的 4 万亿美元。作为金融危机的结果，美联储持有的许多资产是通过各种贷款方案获得的长期证券。在这种情况下，逆回购（卖出 – 购买交易）如何有序地帮助美联储减少资产，同时减少未来潜在的通货膨胀问题？

12. "联邦存款保险公司的出现消除了银行危机发生的可能性，贴现贷款已经没有必要存在了。"讨论这一观点。

13. 通过对金融机构的贷款来防止银行恐慌的缺点是什么？
14. "考虑到如果将法定存款准备金率提高到100%，则可以完全控制货币供给，国会应该授权美联储将法定存款准备金率提高到这个水平。"就这一观点展开讨论。
15. 从下面几个方面比较公开市场操作、贴现政策和变动法定存款准备金率在控制基础货币方面的作用：灵活性、可逆性、有效性和实施的速度。
16. 量化宽松货币政策作为传统货币政策的一种替代，当短期利率在零下限时，它的优点和缺点是什么？
17. 为什么在金融危机期间，美联储资产负债表的构成是货币政策的一个潜在的重要方面？
18. 无条件政策承诺的主要优点和缺点是什么？
19. 在什么样的经济情况下，中央银行想要使用"前瞻指引"的策略？我们能很容易地衡量这种策略的效果吗？
20. 欧洲中央银行体系的货币政策工具与美联储的货币政策工具相比如何？欧洲中央银行有贴现贷款机制吗？欧洲中央银行向银行存款支付利息吗？
21. 瑞典中央银行、瑞士中央银行和日本中央银行向银行存款支付负利率的主要原因是什么？如果银行决定贷出它们的超额准备金，但没有好的投资机会，这些经济体将会发生什么？
22. 2016年初，随着日本中央银行开始推动负利率政策，日本的房屋销售出现了大幅增长。为什么会这样？这是否意味着负利率政策的有效性？

应用题

23. 如果发生存款向现金的转换，联邦基金利率会如何变化？运用准备金市场的供求分析模型解释你的答案。
24. 为什么贴现率下降通常不会导致借入准备金增加？用准备金市场的供求分析模型来解释。
25. 使用准备金市场的供求分析模型，说明在其他因素保持不变的条件下，在以下情境中，联邦基金利率、借入准备金及非借入准备金会如何变化。

    a. 经济增长意外强劲，导致支票存款增加。
    b. 银行预计在未来支票存款账户中的提款会有不同寻常的大幅增加。
    c. 美联储提高联邦基金利率目标。
    d. 美联储在目前的均衡联邦基金利率之上提高了准备金利率。

e. 美联储降低法定存款准备金。

f. 美联储降低法定存款准备金，并通过公开市场出售证券抵消这一行动。

参考答案

选择题

1.C；2.B；3.C；4.D；5.D；6.A；7.C；8.C；9.D；10.A；11.A；12.A；13.D；14.A；15.A

思考题

1. 答：暴风雪将导致浮款增加，这将增加基础货币。为了抵消这种影响，经理将通过反向回购交易在公开市场进行防御型公开市场证券出售。

2. 答：当公众在假期持有的货币增加时，可兑换货币的存款比率增加，货币供应量下降。为了抵消货币供应量的下降，美联储将在公开市场进行防御型公开市场证券购买。

3. 答：当财政部在美联储的存款减少时，基础货币就会增加。为了抵消这一增长，经理将进行公开市场证券出售。

4. 答：由于浮款的下降只是暂时的，因此预计基础货币只会暂时下降。回购协议只是暂时向银行体系注入准备金，因此，它是抵消因浮款下降而导致的基础货币暂时下降的一种明智方式。

5. 答：错误。美联储还可以通过直接限制对单个银行或更广泛金融体系的贷款数额来影响借入准备金的水平。

6. 答：不确定。从理论上讲，准备金市场模型表明，一旦联邦基金利率达到贴现率，它将永远不会超过贴现率，因为银行将直接从美联储借款，而不是从联邦基金市场借款，这将阻止联邦基金利率上升到贴现率以上。然而，在实践中，联邦基金利率可以（并且已经）高于贴现率。这可能是由于银行直接从美联储借款带来的负面影响。也就是说，银行可能更愿意支付更高的市场利率，而不是直接从美联储借款从而招致能被美联储观察到的负面影响。此外，无法进入贴现窗口的非银行金融机构可以实际参与联邦基金市场。非银行金融机构参与联邦基金市场的程度可能意味着，当联邦基金利率高于贴现率时的利差可能无法通过套利消除。

7. 答：不确定。从理论上讲，准备金市场模型表明，一旦联邦基金利率达到超额准备金的利率，它将永远不会低于这一利率，因为银行可以直接从美联储获得无风险利率，而不是以相同或更低的利率在风险更高的联邦基金市场贷出超额准备金，这将防止联邦基金利率跌至超额准备金利率以下。然而，在实践中，联邦基金利率可以（而且已经）低于超额准备金利率。这是因为非银行金融机构无法从准备金中赚取利息，它们参与了联邦基金市场，并在市场里提供了大量资金。非银行金融机构参与联邦基金市场的程度可能意味着，当联邦基金利率低于超额准备金利率时的差额可能无法通过套利消除。

8. 答：在危机期间，美联储可能需要向银行和金融体系提供大量流动性，这将降低联邦基金利率。如果美联储需要抵销这些影响，就需要在公开市场上出售证券，以维持既定的联邦基金利率目标。如果可流动的准备金很多，那么抵消流动性可能最终导致美联储没有可出售的证券。在这种情况下，可以通过提高超额准备金利率来推高联邦基金利率，而不必进行抵消性的会减少美联储持有的政府证券的公开市场出售。

9. 答：回购协议之所以被使用是因为它们是临时性的，允许美联储相对容易地调整公开市场操作，以应对准备金市场状况的每日变化。

10. 答：它表明防御型公开市场操作远比主动型公开市场操作更为常见，因为回购协议主要用于进行防御型公开市场操作，以抵消基础货币的暂时性变化。

11. 答：由于银行和金融体系中存在大量流动性，当超额准备金形成的流动性通过银行放贷离开银行体系，最终成为公众手中的存款或货币，就可能最终导致严重的通货膨胀问题。但由于美联储持有的部分资产期限较长，这些资产可能不太容易从资产负债表中剥离以消除银行和金融体系的流动性。因此，逆回购可以被用来暂时但持续地从银行体系中提取准备金，直到期限较长的证券能够从美联储的资产负债表中提取出来。

12. 答：这种说法是错误的。如果美联储没有能力向陷入困境的银行提供贴现贷款以防止银行破产蔓延，仅靠联邦存款保险公司可能无法消除银行恐慌。值得一提的是，联邦存款保险公司的保险只覆盖了银行存款总额的1%左右。由于美联储向银行体系提供贷款的能力是无限的，因此它在银行恐慌中稳定银行体系的效率要高得多。

13. 答：向金融机构提供贷款会带来道德风险问题。如果银行知道它可以获得美联储的贷款，它就更有可能承担风险，因为它知道如果恐慌发生，美联储将会救助它。因此，由于美联储为防止恐慌而提供流动性，那些本应因管理不善而倒闭的银行可能会幸存下来。这可能会导致银行体系效率低下，因为存在很多经营不善的银行。

14. 答：这个观点的一个问题是，观点里的做法提供了对货币供应量这个官方指标的完美控制，但这个做法可能削弱对与经济相关的货币供应量指标的控制。另一个问题是，随着银行被迫退出贷款业务，这将导致金融体系代价高昂的重组。

15. 答：公开市场操作比其他两种工具更具灵活性、可逆性，执行起来也更快。与变动法定存款准备金率相比，贴现政策更具灵活性、可逆性，执行起来也更快，但有效性不如其他两种工具。

16. 答：由于在这种环境下，短期利率无法降至零利率以下，传统货币政策将不起作用。因此，量化宽松的主要好处是，购买中期证券和长期证券可以降低长期利率，进一步增加货币供应，并导致经济扩张。量化宽松的一个缺点是，它可能实际上并没有产生通过增加贷款和货币扩张来增加经济活动的效果：如果信贷市场和金融市场严重受损，银行可能只是将额外的流动性作为超额准备金持有，这不会导致更多的贷款和货币扩张。

17. 答：通过购买特定类型的证券，美联储可以影响信贷市场和金融市场特定领域的利率和流动性，从而在最需要流动性的地方提供更外科手术式的流动性供应（与典型的公开市场购买相反，后者会向整个银行体系增加准备金）。例如，由于全球金融危机，美联储从政府支持的企业购买了大量抵押贷款支持证券，这有助于降低抵押贷款利率，支持住房市场。

18. 答：无条件政策承诺的主要好处是，它提供了相当大的透明度和确定性，使市场和家庭更容易对未来做出决定。主要的缺点是：它代表着中央银行的默认承诺；如果情况突然发生变化，可能需要改变政策立场，那么坚持承诺可能会造成不稳定。另一方面，不严格遵守承诺可能会被视为食言，中央银行可能会失去很大的信誉。

19. 答：一般来说，当其他类型的传统货币政策工具不能以预期的方式影响经济时，中央银行会使用"前瞻指引"策略。在实践中，美联储在2007～2008年金融危机结束后遵循了这一策略，试图降低长期利率（因为联邦基金利率已经触及零下限）。由于在实施这些策略的过程中，经济条件通常不正常，因此通常很难确定这些策略的效果：在不正常的经济条件下，代理人行为的标准模型不能很好地代表代理人的决策过程，因此经济学家无法确定一个变量发生变化的原因。

20. 答：总的来说，欧洲中央银行可以使用的货币政策工具与美联储可以使用的工具非常相似。欧洲中央银行有一个贴现贷款工具，称为边际贷款工具，随时准备以边际贷款利率向成员银行提供资金。这一利率也是隔夜市场利率的上限，就像美国的贴现率一样。欧洲中央银行为成员银行在欧洲中央银行的存款支付一个利率，从而为隔夜利率创造一个下限，就像美联储在美国所做的那样。

21. 答：略。

22. 答：负利率政策有使银行存款利率变为负值的效果。因此，储户可以通过简单地将钱从存款账户中取出，并将现金存入保险箱（零收益）来避免持有现金的负收益。这对负利率政策的有效性有两个主要影响。首先，它有一个潜在的副作用，即随着储户从银行提款，银行部门的流动性会减少。这可能会破坏银行体系的稳定，减少银行体系中可用于放贷的货币量。其次，负利率的预期效果是惩罚以存款形式存在的储蓄，从而鼓励消费和借贷，这有助于刺激经济。然而，如果储户只是把存款取出来，作为现金存放在保险箱里，就不会增加支出，也不会产生预期的刺激效果。

应用题

23. 答：从存款到现金的转换降低了准备金的数量，这降低了在任何给定利率下的准备金供应，从而使供给曲线向左移动。存款下降还会导致更低的法定准备金需求，从而导致需求曲线向左平移。然而，由于法定准备金的下降只是准备金供应下降的一小部分（因为法定准备金率远小于1），因此供给曲线左移的幅度大于需求曲线。因此，如果最初贴现率高于联邦基金利率目标，联邦基金利率将上升（如左下图所示）。然而，如果联邦基金利率是贴现率，那么联邦基金利率将保持在贴现率（如右下图所示）。

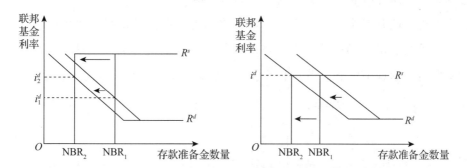

24. 答：在大多数情况下，贴现率被设定得远高于联邦基金利率目标，因此，即使贴现率降低而联邦基金利率目标不变，均衡利率仍将低于贴现率，因此银行以市场利率而不是贴现率借款仍会更好。换句话说，即使贴现率降低，借入准备金的数量可能不会改变，因为均衡利率仍然会低于贴现率，如下图所示。

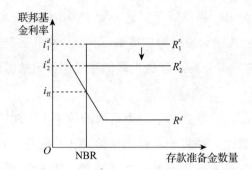

25. 答：a. 在任何给定利率下，支票存款增加都会导致法定存款准备金增加，从而使需求曲线向右平移。如果联邦基金利率最初低于贴现率，这将导致联邦基金利率上升。如下图所示，借入准备金和非借入准备金不变。如果联邦基金利率一开始时等于贴现率，那么联邦基金利率将与贴现率保持一致，但借入准备金将增加（见下图）。

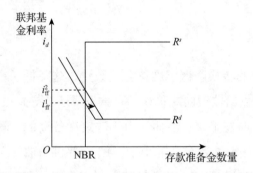

b. 如果银行预计未来将出现异常的提款大幅增长，银行就会希望今天持有更多超额准备金，这意味着在任何给定的利率下，准备金需求都会增加。这将对联邦基金利率、NBR 和 BR 产生如 a 部分所述的影响。

c. 为了提高联邦基金利率目标，美联储将不得不在公开市场上出售证券，这将使非借入准备金的供给曲线向左平移。联邦基金利率将会上升，只要均衡联邦基金利率保持在贴现率以下，借入准备金率就会保持不变（见下图）。

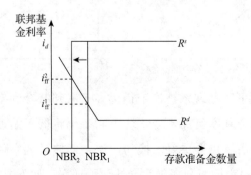

d. 将准备金利率提高到当前联邦基金利率之上，意味着准备金需求的下限将推动均衡的联邦基金利率和准备金利率一起上升，如下图所示。借入准备金和非借入准备金都将保持不变。

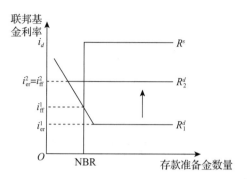

e. 在任何给定利率下，法定准备金的减少会使准备金需求曲线向左移动，如下图所示。结果是联邦基金利率下降，而借入准备金和非借入准备金都保持不变。

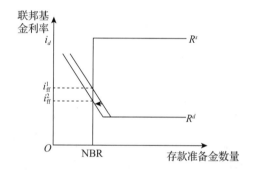

f. 随着法定存款准备金的减少，如 e 部分所述，准备金需求会减少。这将降低均衡联邦基金利率。为了抵销影响并保持联邦基金利率不变，美联储将在公开市场上出售证券，准备金供给曲线将向左移动。最终的结果是，联邦基金利率和借入准备金将保持不变，而非借入准备金将下降（见下图）。

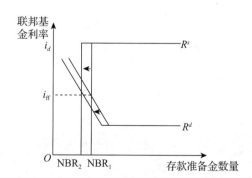

第 19 章

货币政策的实施：战略与策略

选择题

1. 货币政策制定者对价格稳定最常用的定义是_____。
   - (A) 低而稳定的通货紧缩
   - (B) 0% 的通货膨胀率
   - (C) 高而稳定的通货膨胀
   - (D) 低而稳定的通货膨胀

2. 通货膨胀导致_____。
   - (A) 容易对未来做规划
   - (B) 随着时间的推移，价格的比较变得方便
   - (C) 名义利率的降低
   - (D) 解释相对价格变动变得困难

3. 经济学家认为，最近遭受恶性通货膨胀的国家都经历过_____。
   - (A) 经济增长减缓
   - (B) 经济增长加速
   - (C) 降低的价格
   - (D) 更低的利率

4. 一个名义变量，如通货膨胀率或货币供应量，它通过约束价格水平以达到价格稳定被称为_____锚。
   - (A) 名义
   - (B) 真实
   - (C) 操作
   - (D) 中间

5. 所有国家货币政策策略的一个主要特征是使用名义变量，货币政策制定者将其作为中间目标，以实现最终目标，比如价格稳定。这样的变量称为一个名义_____。
   - (A) 锚
   - (B) 基准
   - (C) 范围
   - (D) 指导方针

6. 即使美联储能够完全控制货币供应，货币政策也会受到批评，因为_____。
   （A）美联储被要求实现许多目标，其中一些目标与另一些目标是不兼容的
   （B）美联储的目标不包括高就业率，这使得工会成为美联储的批评者
   （C）美联储的主要目标是汇率稳定，这导致它忽视了国内经济状况
   （D）美联储需要保持国债的高价格

7. 高失业率是不可取的，因为它_____。
   （A）导致产出损失　　　　　　（B）总是增加通货膨胀
   （C）总是提高利率　　　　　　（D）减少闲置资源

8. 当工人为了寻找更好的工作而自愿离开工作时，由此产生的失业被称为_____失业。
   （A）结构性失业　　　　　　　（B）摩擦性失业
   （C）周期性失业　　　　　　　（D）就业不足

9. 由于工人的技能和工作要求不匹配而导致的失业被称为_____。
   （A）摩擦性失业　　　　　　　（B）结构性失业
   （C）季节性失业　　　　　　　（D）周期性失业

10. 高就业率的目标应该是劳动力需求与劳动力供给相等的失业水平。经济学家称这种水平的失业率为_____。
    （A）摩擦性失业率水平　　　　（B）结构性失业率水平
    （C）自然失业率水平　　　　　（D）凯恩斯主义失业率水平

11. 哪组目标在短期内有时会产生冲突？_____。
    （A）高就业率和经济增长　　　（B）利率稳定和金融市场稳定
    （C）高就业率和物价水平稳定　（D）汇率稳定和金融市场稳定

12. 欧洲中央银行的首要目标是_____。
    （A）价格稳定　　　　　　　　（B）汇率稳定
    （C）利率稳定　　　　　　　　（D）高就业率

13. 只要_____是_____的主要目标，双重或层级任务都是可以接受的。
    （A）价格稳定；短期　　　　　（B）价格稳定；长远
    （C）减少商业周期波动；短期　（D）减少商业周期波动；长远

14. 加拿大、新西兰和英国使用的货币政策类型是_____。
    （A）货币目标　　　　　　　　（B）通货膨胀目标
    （C）用隐性的名义锚定位　　　（D）利率目标

15. 以下哪项不是通货膨胀目标的组成部分？_____。
    （A）公开宣布中期通货膨胀的数字目标

(B) 将价格稳定作为主要长期目标的制度承诺

(C) 一种信息包容的方法，这种方法在货币政策决策中只使用货币总量

(D) 增加中央银行实现其通货膨胀目标的责任

思考题

1. 货币政策执行中使用名义锚策略具有什么好处？
2. 什么样的因素会促使中央银行陷入追求过度扩张性货币政策的时间不一致陷阱？
3. 为什么中央银行最大限度地提高经济增长的主要目标是有问题的？
4. "金融危机会给经济造成严重的损害，中央银行的一个主要目标是确保金融市场的稳定。"这句话是正确的、错误的，还是不确定的？请解释。
5. "一个具有双重使命的中央银行比一个具有层级使命的中央银行将会使社会长期处于较低的失业率，此时保持价格稳定是优先的。"这句话是正确的、错误的，还是不确定的？请解释。
6. 为什么公告数值的通货膨胀率目标对通货膨胀目标制的中央银行的成功很重要？
7. 通货膨胀目标制是如何帮助降低自由政策的时间不一致性的呢？
8. 采用通货膨胀目标制的中央银行应该使用什么方法来加强与公众的交流，增加决策透明度？
9. 为什么采用通货膨胀目标制有利于中央银行独立执行货币政策？
10. "由于通货膨胀目标制关注实现通货膨胀目标，它将导致产出呈现过度的波动。"这句话是正确的、错误的还是不确定的？解释你的答案。
11. 艾伦·格林斯潘领导下的美国货币政策（带有隐性的名义锚）具有哪些主要的优点和缺点？
12. "零下限利率短期必然是没有问题的，因为中央银行可以用量化宽松来降低中期利率和长期利率。"这句话是正确的、错误的还是不确定的？解释你的答案。
13. 如果较高的通货膨胀率是不利的，那么为什么有较高的通货膨胀目标比接近零的较低通货膨胀目标更有利？
14. 为什么管理资产价格泡沫时宏观审慎监管可能比货币政策更有效？
15. 为什么规避信贷驱动的泡沫不应该只在资产泡沫崩溃之后清理？
16. 根据格林斯潘的学说，在什么情况下，中央银行可能会对一个观察到的股票市场泡沫做出反应？
17. 对下列变量进行区分，指出哪个是操作工具，哪个是中介指标，并解释理由。

  a. 10年期国债利率。

b. 基础货币。

c. M1。

d. 联邦基金利率。

18. "如果对准备金的需求保持不变，美联储可以同时追逐准备金目标和利率目标。"这一说法是正确的、错误的还是不确定的？解释你的答案。

19. 美联储可以采用什么程序来控制联邦基金利率？为什么美联储对这个利率的控制意味着其无法对非借入准备金进行控制？

20. 比较基础货币和M1在可控性和可计量性方面的优劣，你更喜欢选择哪个作为中介指标？为什么？

21. "与准备金总量相比，有关部门对利率可以更快和更精确地进行计量。因此，作为政策工具，利率要优于准备金总量。"你是否同意这种看法？解释你的答案。

22. 前瞻性指引作为中央银行的工具是如何影响政策工具、中介指标以及相关目标的？

23. 根据泰勒规则，在以下情况下决策者应该对联邦基金利率采取什么策略？

    a. 经济衰退带来的失业率上升。

    b. 石油价格冲击使通货膨胀率上升1%，产出下降1%。

    c. 实际产出增长保持不变，而经济生产率持续增长。

    d. 潜在产出下降，而实际产出保持不变。

    e. 美联储下调其（隐性的）通货膨胀目标。

    f. 实际的均衡联邦基金利率下降。

应用题

24. 如果美联储将利率作为目标，为什么准备金需求的增加会导致货币供给增加？用准备金市场的图来解释。

25. 由于通过联邦基金利率做出的货币政策的变化发生滞后，政策制定者通常更注重根据预测或预期的通货膨胀率的变化调整政策，而不是当前的通货膨胀率。在这一点上，假设货币政策制定者采用泰勒规则设定联邦基金利率，其中通货膨胀差距被定义为预期通货膨胀和通货膨胀目标之间的差异。假设对通货膨胀和产出缺口的权重均为1/2，均衡的实际联邦基金利率为2%，通货膨胀率目标是2%，且产出缺口为1%。

    a. 如果预期的通货膨胀率是4%，那么，联邦基金利率目标应该按照泰勒规则设定为多少？

    b. 假设有一半经济学家预测通货膨胀率为3%，而另一半经济学家预测通货膨胀率为5%。如果美联储将这两组预测的平均预期作为预期通货膨胀的衡量指标，那么联邦基金利率目标按照泰勒规则应该设定为多少？

c. 现在，假设有一半经济学家预测通货膨胀率为0%，而另一半经济学家预测通货膨胀率为8%。如果美联储将这两个预测的平均预期作为预期通货膨胀的衡量指标，那么联邦基金利率目标按照泰勒规则应该设定为多少？

d. 鉴于以上a~c的答案，你认为对于货币政策制定者来说，使用泰勒规则的严格解释为基础来制定政策是一个好主意吗？为什么是个好主意或为什么不是一个好主意呢？

参考答案

选择题

1.D；2.D；3.A；4.A；5.A；6.A；7.A；8.B；9.B；10.C；11.C；12.A；13.B；14.B；15.C

思考题

1. 答：名义锚通过对货币价值的约束，直接将通货膨胀预期与较低水平挂钩，从而有助于促进价格稳定。它还可以通过对货币政策提供预期约束来限制时间不一致的问题。

2. 答：中央银行的行长可能认为，他们可以通过实施过度扩张性的货币政策来提高产出或降低失业率。即便从长期来看，这只会导致更高的通货膨胀，而对增加产出或降低失业率没有任何好处。或者，政客们可能会向中央银行施压，要求其推行过度扩张性的货币政策。

3. 答：这可能会造成几个问题。首先，货币政策在鼓励长期经济增长方面的能力有限，只能通过维持长期稳定的低通货膨胀率和利率来实现。此外，如果过度关注经济增长，可能会导致为了在短期内增加投资和消费而在较长时间内维持低短期利率，这是不健康的。这可能导致经济失衡，如果不妥善处理，可能导致泡沫和金融危机。

4. 答：不确定。大多数经济学家可能不会质疑努力保持金融市场的稳定对经济很重要的观点。然而，在大多数情况下，为了防止危机而持续和优先关注金融市场稳定可能是不必要的，因为金融危机通常是相当罕见的。此外，持续专注于保持金融市场的稳定可能会以忽视更重要的因素为代价，这些因素可能会在日常中给经济带来更大的影响，比如稳定产出、失业率或经济周期中其他相关的短期波动因素。

5. 答：错误的。通货膨胀和失业之间不存在长期的权衡关系，因此从长期来看，一个肩负着双重使命、试图通过推行通货膨胀政策来促进最大限度就业的中央银行，在降低失业率方面不会比一个主要目标是稳定价格的中央银行更成功。

6. 答：通货膨胀目标制的成功取决于它能否可靠地将通货膨胀率预期锚定在一个理想的低水平。如果没有正式的公开公告和关于通货膨胀目标数字的提醒，市场和公众可能对政策制定者致力于维持通货膨胀率目标的信心下降。如果根本不公布一个正式的通货膨胀目标，市场参与者和公众可能不知道确切的目标，被迫推断或估计目标，从而产生不确定性，可能提高通货膨胀预期，使通货膨胀预期从一个较低的、理想的水平脱锚。

7. 答：通货膨胀目标制增加了货币政策制定者的责任，是一种自律机制，有效地束缚了政策制定者的双手，使其致力于政策路径。由于通货膨胀目标框架的透明度较高，很容易验证政策制定者是否忠实于既定的政策路径。其结果是，政策制定者偏离可增加产出或提高通货膨胀率的自由裁量政策，导致降低时间不一致问题的能力和动力都要小得多。

8. 答：以通货膨胀为目标的中央银行应进行广泛的公共信息宣传活动，包括分发精美的小册子、出版通货膨胀报告类文件、向公众发表演讲并与当选政府持续沟通等。

9. 答：根据预先宣布的明确的通货膨胀目标来衡量货币政策实施的持续成功性，对于建立公众对中央银行独立性及其政策的支持是很有帮助的。此外，通货膨胀目标制符合民主原则，因为中央银行更负责任。

10. 答：错误的。通货膨胀目标制并不意味着只关注通货膨胀。在实践中，通货膨胀目标制确实担心产出波动，通货膨胀目标制甚至可能减少产出波动，因为它使货币政策制定者能够更积极地应对需求下降，因为货币政策制定者不必担心由此产生的扩张性货币政策将导致通货膨胀预期急剧上升。

11. 答：这一策略具有以下优点：①使货币政策聚焦于国内因素；②强调价格稳定的重要性有助于缓解时间不一致的问题；③它取得了明显的成功，实现了低通货膨胀和二战以来最长的经济周期扩张。然而，它有以下缺点：①它强烈依赖中央银行和政府中个人的偏好、技能和可信度；②它与民主原则有一些不一致，因为中央银行不是高度负责的。

12. 答：错误的。尽管量化宽松和其他非常规政策确实可以在短期利率达到零利率下限后使用，但这不是万灵药。特别是，当经济达到零利率下限时，往往会伴随着通货紧缩状况，这可能很难设计出有效的政策，因为通常情况下，此类政策的结果比传统利率政策的不确定性要大得多。此外，量化宽松等非常规政策执行起来更为复杂，因此可能更难有效利用这些政策推动经济脱离零利率下限。

13. 答：名义利率下限为零，使得实际通货膨胀率（以及短期利率）下降至接近零的水平时，实施扩张性政策变得更加困难。因此，在低通货膨胀环境下，使用货币政策作为稳定工具的空间变小了。在这种背景下，有人认为，提高通货膨胀目标可能是适当的，可以给予政策制定者更大的灵活性。当然，这种做法的负面影响是，总体而言较高的通货膨胀率可能会给社会带来高昂的代价，并让货币政策制定者在货币政策的灵活性与效率之间不得不做出权衡。

14. 答：货币政策可能无法有效消除资产价格泡沫，原因有几个。①主要原因是资产价格泡沫非常难以实时识别。②在许多情况下，当政策制定者和公众就泡沫的存在达成共识时，通常已经来不及实施有效地戳破泡沫的政策了。而且，即使及时发现了资产价格泡沫，货币政策也常常被认为是一种过于迟钝的工具，无法有效应对大多数资产价格泡沫。③特别是，利率变化可能对减少资产价格泡沫有一些温和的短期影响，但利率变化可能对实体经济活动产生更深远的影响，并造成更严重的附带损害。

    因此，由于货币政策的局限性，提前主动发现潜在的问题，并在银行和金融体系中实施保障措施，可以比货币政策更有针对性、更有效地抵御泡沫。

15. 答：通常，合适的政策要解决的问题之一是如何使损失最小化。如果崩盘发生，信贷驱动的泡沫（比如导致全球金融危机的房地产泡沫）对经济的破坏性可能远远大于政策制定者先发制人地缩小泡沫的规模而采取的行动。换句话说，通过提高利率来试图减少泡沫，可能会对经济造成附带损害，但与不采取任何措施、任由泡沫继续膨胀相比，所造成的损害要小得多。另一方面，非信贷驱动的泡沫在崩盘后更容易处理；由于在这类泡沫破裂后，金融市场的运作通常相对正常，因此在缓解泡沫破裂后的衰退状况方面，传统货币政策可能相对有效。与非信贷驱动的泡沫破裂所造成的任何衰退相比，采取先发制人的行动来解决泡沫可能会带来更大的附带损害。

16. 答：因为股票市场泡沫可能很难识别（至少通过共识），而政策可能造成不必要的破坏；总体来说，格林斯潘主张不要直接对股市泡沫采取行动。然而，只要股票市场泡沫增加了财富，增加了消费和投资，提高利率将被视为审慎的做法，以保持低而稳定的通货膨胀率，并尽量减少财富增加带来的短期产出波动。换句话说，格林斯潘学说的意思是，不要直接对泡沫采取行动，而是按照正常的政策来维持价格稳定和实体经济活动的稳定。

17. 答：a. 10年期国债是一个中介指标，因为它不直接受美联储工具的影响，而是与经济活动相关。

    b. 基础货币是一种政策工具，因为它直接受到美联储工具的影响，并且只通过其对货币供应的影响与经济活动联系在一起。

    c. M1是一个中介指标，因为它不直接受到美联储工具的影响，对经济活动有一些直接影响。

    d. 联邦基金利率是一种政策工具，因为美联储的工具可以直接影响它。

18. 答：正确。在这种情况下，达到准备金目标意味着美联储也将达到利率目标，反之亦然。因此，美联储可以同时追求准备金目标和利率目标，但前提是准备金需求没有变化。

19. 答：美联储可以通过在公开市场上买卖债券来控制联邦基金利率。当联邦基金利率上升到目标水平以上时，美联储将购买债券，这将增加非借入准备金，并将利率降低到目标水平。同样，当联邦基金利率低于目标水平时，美联储将出售债券以将利率提高到目标水平。由此产生的公开市场操作当然会影响准备金和货币供应量，并导致它们发生变化。美联储将会放弃对准备金和货币供应的控制，以追求其利率目标。

20. 答：基础货币比M1更可控，因为美联储的工具对其影响更直接。基础货币比M1具有更优的可计量性和准确性，因为美联储可以根据自己的资产负债表数据计算基础货币数量，而M1是根据对银行的调查构建的，收集这些数据需要一些时间，而且并不总是那么准确。尽管基础货币在可计量性和可控性方面是一个很好的中介指标，但它不一定是一个更好的中介目标，因为它与经济活动的联系可能比M1与经济活动之间的联系要弱。

21. 答：不同意。尽管名义利率的计量比准备金总量更准确、更迅速，但政策制定者更关心的利率变量是实际利率。由于实际利率的计量需要对预期通货膨胀进行估计，因此，实际利率的计量不一定比准备金更准确、更迅速。因此，利率目标并不一定优于准备金总量目标。

22. 答：前瞻性指引可以通过两个主要渠道最终影响目标变量。第一个渠道，中央银行可以传达未来短期利率（政策工具）预期路径的信息。这可能会影响长期利率等中介指标。因此，长期利率等借款成本的变化会影响经济活动，并最终影响其他相关目标，如价格或汇率稳定。第二个渠道是通过预期的准备金持有。当中央银行传达其准备金持有的预期路径时，这会影响预期准备金总量（政策工具），进而影响短期利率和长期利率（中介指标），并类似地影响目标变量。

23. 答：a. 如果失业率上升，这将缩小产出缺口，并根据泰勒规则触发更低的联邦基金利率。

b. 如果通货膨胀率上升1%，仅这一点就会促使联邦基金利率上升1.5个百分点。仅产出缺口的缩小就意味着联邦基金利率将下降0.5个百分点。因此，这两个因素一起暗示了根据泰勒规则将联邦基金利率提高1个百分点的净效应。

c. 生产率持续增长将增加潜在产出，在实际产出增速相同的情况下，这将导致产出缺口缩小，根据泰勒规则，这会导致联邦基金利率下降。

d. 如果潜在产出下降，这与c部分的回答相反，因此联邦基金利率将根据泰勒规则上升。

e. 如果通货膨胀目标被向下修正，在任何给定的通货膨胀率下，这将增加通货膨胀缺口。根据泰勒规则，这将导致更高的联邦基金利率。

f. 如果均衡的实际联邦基金利率下降，在其他条件相同的情况下，泰勒规则将使得名义联邦基金利率下降。

应用题

24. 答：准备金需求的增加将提高联邦基金利率。为了维持利率目标，美联储将购买债券，从而增加非借入准备金的数量，这将使准备金的供给曲线向右平移，从而防止联邦基金利率上升，如下图所示。公开市场购买将导致基础货币和货币供给上升。

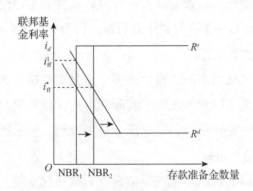

25. 答：a. 假设产出缺口和所有其他参数保持不变，泰勒规则为 ffr $= \pi^e + 2\% + 0.5 \times (\pi^e - 2\%) + 0.5 \times 1\%$，其中 π^e 是预期的通货膨胀率，所以，如果 π^e 等于4%，那么联邦基金利率应该为 $4\% + 2\% + 0.5 \times 2\% + 0.5\% = 7.5\%$。

b. 如果预期通货膨胀率的度量是两个预测的平均值，那么 $\pi^e = 0.5 \times (3\% + 5\%) = 4\%$。在这种情况下，根据泰勒规则，联邦基金利率设定为7.5%。

c. 如果预期通货膨胀率的度量是两个预测的平均值,那么 $\pi^e = 0.5 \times (0\% + 8\%) = 4\%$。在这种情况下,泰勒规则意味着联邦基金利率设定为 7.5%。

d. 可能不是一个好主意。在 a 的情况下,假设通货膨胀的不确定性很小,因此,泰勒规则的政策方法可能会很好。然而,在 b 和 c 中,经济状况显然有更多的不确定性,因此,在没有考虑到这种不确定性的情况下,机械地使用泰勒规则来指导政策可能会有问题。例如,在 c 中,如果未来的通货膨胀率实际上接近于 0%,根据泰勒规则制定的政策可能被证明过于紧缩,并可能将经济推入通货紧缩的局面。这个例子突出说明,对数据的判断和审慎解读是货币政策过程中的重要组成部分。

第 20 章

外汇市场

选择题

1. 汇率是_____。
   (A) 一种货币相对于黄金的价格
   (B) 相对于通货膨胀的货币价值
   (C) 货币价值随时间的变化
   (D) 一种货币相对于另一种货币的价格

2. 汇率决定于_____。
   (A) 货币市场
   (B) 外汇市场
   (C) 股票市场
   (D) 资本市场

3. 在 3 个月内以每欧元 0.90 美元的价格将美元兑换为欧元的协议中，这个价格是_____。
   (A) 即期汇率
   (B) 货币汇率
   (C) 远期汇率
   (D) 固定汇率

4. 根据购买力平价理论，如果一个国家的物价水平相对于另一个国家上涨一定百分比，那么另一个国家的货币就会_____。
   (A) 价值不变
   (B) 以相同的百分比贬值
   (C) 以相同的百分比升值
   (D) 失去价值

5. 购买力平价理论不能完全解释短期内的汇率变动，因为_____。
   (A) 所有的商品都是相同的，即使是在不同的国家生产的

(B) 不同国家的货币政策不同

(C) 一些商品在国家与国家之间没有贸易

(D) 各国财政政策不同

6. 根据购买力平价理论，两国之间的实际汇率总是等于_____。

(A) 0　　　　　　　　　　(B) 0.5

(C) 1　　　　　　　　　　(D) 1.5

7. 投资组合选择理论表明，影响国内外资产需求的最重要因素是_____。

(A) 贸易和资本流动的水平

(B) 这些资产相对于其他资产的预期收益

(C) 这些资产相对于其他资产的流动性

(D) 这些资产彼此之间的风险

8. 当国内实际利率上升时，国内货币_____。

(A) 升值　　　　　　　　　(B) 贬值

(C) 根据名义利率的变化升值或贬值　　(D) 不变

9. 国内利率等于国外利率减去国内货币的预期升值被称为_____。

(A) 购买力平价条件　　　　(B) 利率平价条件

(C) 货币中性　　　　　　　(D) 外国资本流动理论

10. 如果欧元计价资产的利率是7%，美元计价资产的利率是5%，如果美元预计将以4%的速度升值，对法国人弗朗索瓦来说，美元计价资产的预期收益率是_____。

(A) 11%　　　　　　　　　(B) 9%

(C) 5%　　　　　　　　　　(D) 3%

11. 美元存款的利率为10%，预计未来一年将升值7%，美元存款的预期收益率为_____。

(A) 3%　　　　　　　　　　(B) 10%

(C) 13.5%　　　　　　　　 (D) 17%

12. 在一个资本流动几乎没有障碍的世界里，国内利率等于国外利率和国内货币预期贬值的总和，这种情况被称为_____。

(A) 利率平价条件　　　　　(B) 购买力平价条件

(C) 汇率平价条件　　　　　(D) 外国资产平价条件

13. 根据利率平价条件，如果国内利率为12%，预计外币对本国货币贬值2%。那么外国资产必须提供的利率为_____%

(A) 14　　　　　　　　　　(B) 12

(C) 10　　　　　　　　　　(D) 8

思考题

1. 假设你正在考虑出国度假，而欧元相对于美元已经升值了15%。你愿意或不愿意去罗马和巴黎？
2. "当一个国家的货币疲软（贬值）时，它的情况总是更糟。"这个观点是正确的，不正确的，还是不确定的？解释你的答案。
3. 当美元贬值时，美国的进出口情况会发生什么变化？
4. 如果日本的物价水平相对于美国的物价水平上涨5%，运用购买力平价理论预测以美元表示的日元价值将发生什么变化？
5. 如果在进口关税提高的同时，对一国出口产品的需求下降，该国的货币长期来看会倾向于升值还是贬值？
6. 当美联储实施扩张性货币政策时，货币供给会发生什么变化？这将如何影响美元资产的供给？
7. 从2009年到2011年，澳大利亚和瑞士的经济受到全球金融危机相对温和的影响。与此同时，欧元区许多国家受到高失业率的沉重打击，并背负着不可持续的高额政府债务。这将如何影响欧元/瑞士法郎和欧元/澳元的汇率？
8. 在20世纪70年代中后期，尽管日本的通货膨胀率高于美国，但日元相对于美元升值。如何用日本工业生产率相对于美国工业生产率的提高来解释这一点呢？
9. 假设美国总统宣布了一套新的改革措施，其中包括一个新的反通货膨胀计划。如果公众相信这一消息，那么美元的汇率将会发生什么变化？
10. 如果英国央行降低利率以降低失业率，英镑的价值在短期和长期将会发生什么变化？
11. 如果印度政府出人意料地宣布，一年后将对外国商品征收更高的关税，那么今天印度卢比的价值将会发生什么变化？
12. 如果美国名义利率上升而实际利率下降，可以预测美元汇率将会发生什么变化。
13. 如果美国汽车企业在汽车技术上取得突破，能够生产出1加仑⊖汽油行驶200英里⊜的汽车，美元的汇率将会怎样变动？
14. 如果墨西哥人继续疯狂消费，成倍购买法国香水、日本电视、英国毛衣、瑞士手表和意大利瓶装葡萄酒，墨西哥比索的价值将会发生什么变化？
15. 整个2008年的夏天和秋天，随着全球金融危机的蔓延，国际金融机构和主权财富基

⊖ 1加仑＝3.785 4升。
⊜ 1英里＝1 609.344米。

金大幅增加了对美国国债的购买，将其作为一种避险投资。这将如何影响美元汇率？
16. 2016年6月23日，英国选民投票决定退出欧盟。2016年6月16日至6月23日，英镑对美元的汇率从1.41美元/英镑上升到1.48美元/英镑。请问你对公投结果的市场预期有何看法？

应用题

17. 一辆德国跑车售价7万欧元。如果汇率是1美元可以兑换0.90欧元，那么这辆德国跑车在美国的美元价格是多少？
18. 如果加元对美元的汇率是1.28，英镑对美元的汇率是0.62，那么加元对英镑的汇率应该是多少呢？
19. 新西兰元对美元的汇率是1.36，英镑对美元的汇率是0.62。如果你发现英镑对新西兰元的汇率是0.49，你能做什么来获得无风险的利润？
20. 1999年，欧元的汇率是1欧元兑换0.90美元。如果欧元现在的汇率是1欧元兑换1.16美元，那么欧元价值的百分比变化是多少？这是升值还是贬值？
21. 墨西哥比索以每美元10比索的价格交易。如果美国的预期通货膨胀率是2%，而在未来一年墨西哥的预期通货膨胀率是23%，给定购买力平价条件下，一年后预期的汇率是多少？
22. 如果最近英国的价格水平上升了20%，而美国的价格水平下降了5%，如果购买力平价理论成立，汇率变动是多少？假设当前的汇率是0.55英镑/美元。

对于23~24题，用一张美元外汇市场的图来说明每题中所描述的影响。
23. 如果欧洲的预期通货膨胀率下降，导致利率下跌，预测美元汇率的变化。
24. 如果欧洲中央银行决定收缩货币供给来应对通货膨胀，美元价值会发生怎样的变化？

参考答案

选择题

1.D；2.B；3.C；4.C；5.C；6.C；7.B；8.A；9.B；10.B；11.B；12.A；13.A

思考题

1.答：假设你必须在旅行前用美元购买欧元，或者你使用的信用卡会自动将欧元按新汇率兑换成美元，那么你就不太愿意去罗马和巴黎，因为那里的商品和服务对你和你的家人来说会贵 15%。

2. 答：错误。尽管疲软的货币有负面影响，使购买外国商品或出国旅游更加昂贵，但它可能有助于国内工业。国内产品相对于外国产品变得更便宜，对国内产品的需求增加。由此产生的国内产品销售的增加可能使就业增加，这对经济是有利的影响。

3. 答：美元贬值使美国国内商品更便宜，因此国内外消费者购买更多美国生产的商品。与此同时，进口商品变得更贵了，因为每一种外币购买这些商品需要更多的美元。因此，美国出口将增加，而进口将减少。

4. 答：日元兑美元汇率将下跌 5%。

5. 答：从长远来看，对一个国家出口需求的下降会导致该国货币贬值，但更高的关税会导致货币升值。因此，对汇率的影响是不确定的。

6. 答：货币供给增加，但这对美元资产供应的影响微不足道。由于美元货币只占美元计价资产的一小部分，货币供给的变化相对较小，因此不会改变供给曲线。

7. 答：这将减少对欧元计价资产的需求，导致欧元贬值，瑞士法郎和澳元升值。

8. 答：尽管日本的物价水平相对于美国上涨了，但日元却升值了，因为日本生产力相对于美国生产力的提高，使得日本人能够在日元的高价值下继续销售他们的商品并获得利润。

9. 答：美元将会升值。由于美联储宣布这一举措，美国通货膨胀预期将下降，美元将预期升值，因此美元资产的预期收益率将上升。因此，需求曲线将向右平移，美元的均衡价值将上升。

10. 答：英镑贬值，英镑价值在短期和长期都会下降。把英国看作国内。英镑资产较低的国内利率会降低其在任何给定汇率下的预期收益，从而在短期内使需求曲线向左平移。结果是英镑贬值。从长期来看，国内利率会回到之前的值，需求曲线会稍微往右平移。汇率虽然有一定程度的上升，但由于相对长期保持高位的价格水平，汇率仍然低于初始水平。

11. 答：印度卢比将会升值。关税的宣布将提高卢比未来的预期汇率，从而增加卢比的预期升值幅度。这意味着对以卢比计价资产的需求将增加，需求曲线将向右平移，因此卢比汇率将上升。

12. 答：美元将会贬值。名义利率上升而实际利率下降意味着预期通货膨胀上升，由此产生的美元预期贬值幅度大于国内利率上升。因此，在任何汇率下，美元资产的预期收益率都会下降，从而使需求曲线向左平移，导致汇率下降。

13. 答：美元将会升值。美国生产率的提高提高了预期的未来汇率，从而提高了美元资产在任何汇率下的预期收益率。因此需求曲线右移，使得均衡汇率上升。

14. 答：墨西哥比索将贬值。把墨西哥看作国内。进口需求的增加将降低预期的未来汇率，从而降低比索的预期升值幅度。因此，在任何给定汇率下，墨西哥比索资产的较低预期收益率将使需求曲线向左平移，导致墨西哥比索汇率下降。

15. 答：这将导致美元相对于许多其他货币大幅升值。在此期间，对美国国债的强劲需求导致对美元计价资产的需求上升，从而导致美元升值。

16. 答：脱欧公投将降低英国未来的出口，从而导致英镑的长期价值下降。公投前英镑升值的事实表明，市场认为脱欧公投的可能性正在下降，从而导致英镑的长期价值高于之前的预期价值。

应用题

17. 答：70 000 × (1/0.90) = 77 777.78（美元）

18. 答：即期汇率 = 1.28 × (1/0.62) = 2.064 5 加元/英镑

19. 答：同时完成以下交易。交易一：将 1.00 美元兑换为 1.36 新西兰元。交易二：1.36 新西兰元兑换 0.666 4 英镑。交易三：将 0.666 4 英镑兑换为 1.074 8 美元。这使得每投资 1 美元获得 0.074 8 美元的无风险收益。

20. 答：百分比变化 = (1.16 − 0.90) / 0.90 = 28.89%。欧元已升值 28.89%。

21. 答：预期汇率 = 10 × (1.23/1.02) = 12.059 比索/美元

22. 答：如果价格相对于美国上涨 (20 + 5)% = 25%，那么购买同样的美国商品将需要增加 25% 的英镑。因此，这将要求汇率为 1.25 × 0.55 = 0.687 5 英镑/美元

23. 答：美元将会贬值。欧洲预期通货膨胀率下降，使国外利率下降（低于预期通货膨胀的下降），导致美元资产的相对预期收益率下降，因为预期欧元升值大于国外利率的下降。美元资产的相对预期收益率下降的结果是需求曲线向左偏移，均衡美元汇率下降。相关影响如下图所示。

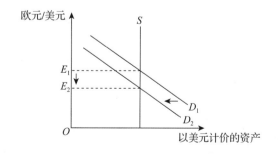

24. 答：紧缩政策将提高欧元利率，并提高欧元的未来价值，这两者都会降低美元资产的相对预期收益率。需求曲线将向左平移，美元将贬值。相关影响如下图所示。

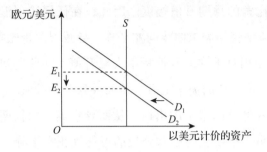

第21章

国际金融体系

选择题

1. 当中央银行允许购买或出售国内货币对基础货币产生影响时，这被称为_____。
   - （A）非冲销性外汇干预
   - （B）冲销性外汇干预
   - （C）汇率反馈规则
   - （D）货币中性的外汇干预

2. 通过保持基础货币不变的公开市场操作进行外汇干预被称为_____。
   - （A）非冲销性外汇干预
   - （B）冲销性外汇干预
   - （C）汇率反馈规则
   - （D）货币中性的外汇干预

3. 其他条件保持不变，如果中央银行购买了未冲销的外国资产，那么国内货币供应量将_____，国内货币将_____。
   - （A）增加；升值
   - （B）增加；贬值
   - （C）减少；升值
   - （D）减少；贬值

4. 展示一个国家在某一特定年份的当前国际交易（即不涉及购买或出售金融资产的交易）的账户被称为_____。
   - （A）贸易平衡
   - （B）经常账户
   - （C）国际收支
   - （D）资本账户

5. 下列哪项没有出现在国际收支的经常账户项目部分？_____。
   - （A）美国银行向巴西提供的100万美元贷款
   - （B）对萨尔瓦多的外国援助

(C) 美国人购买法国航空公司的机票

(D) 通用汽车从其海外工厂获得的收入

6. 在下列各项中，出现在国际收支经常账户项目中的是_____。

(A) 意大利投资者购买 IBM 股票

(B) 伦敦巴克莱银行美国子公司的收入

(C) 瑞士银行给美国公司的贷款

(D) 美联储购买英国国债

7. 在固定汇率制度下，如果一个国家的中央银行耗尽了国际储备，它就无法阻止本国货币遭受_____。

(A) 贬值　　　　　　　　　　(B) 升值

(C) 通货紧缩　　　　　　　　(D) 通货膨胀

8. 目前的国际金融体系是有管理的浮动汇率制度，因为_____。

(A) 汇率波动与市场力量有关，但并不完全由市场力量决定

(B) 有些国家的货币与美元挂钩，美元不允许波动

(C) 所有国家都允许其汇率根据市场力量波动

(D) 所有国家都将其货币与美元挂钩，允许美元根据市场力量波动

9. 一个国际收支顺差国家的政策制定者可能不希望看到本国货币升值，因为这将导致_____。

(A) 外国商品更贵，从而伤害本国消费者

(B) 通过降低外国商品在本国的价格而损害本国企业

(C) 增加本国的通货膨胀

(D) 减少本国的财富

10. 以下哪项不是资本流出管制的缺点？_____。

(A) 管制可能导致国内银行过度冒险

(B) 在危机时期管制很少有效

(C) 在这些管制措施实施后，资本外逃可能增加

(D) 管制常常导致政府腐败的增加

11. 在货币政策的汇率目标制下，爬行钉住_____。

(A) 将本国货币的价值固定在黄金等商品上

(B) 将本国货币的价值固定在一个低通货膨胀大国的货币价值上

(C) 允许本国货币以稳定的速度贬值，这样钉住国的通货膨胀率就会高于核心国

(D) 允许国内货币以稳定的速度贬值，这样钉住国的通货膨胀率就可以低于核心国

12. 政府从发行货币中获得的收入是_____。
   （A）利息
   （B）租金
   （C）铸币税
   （D）国家红利

思考题

1. 如果美联储在外汇市场出售美元，但通过公开市场操作以冲销干预，那么对国际储备、货币供应和汇率会有什么影响？

2. 如果美联储在外汇市场购买美元，但不以冲销干预，将对国际储备、货币供应和汇率产生什么影响？

3. 对于以下每一项，确定它们是增加了还是减少了经常账户余额：
   a. 一个美国公民购买法国航空公司的机票。
   b. 一个日本公民购买加利福尼亚州的橙子。
   c. 向洪都拉斯提供 5 000 万美元的国际援助。
   d. 一个在加利福尼亚州的工人给他在墨西哥的父母汇款。
   e. 美国一家会计公司为德国一家公司提供服务。

4. 假设你去卡利（哥伦比亚城市）旅行，那里的汇率是 1 美元兑换 2 900 哥伦比亚比索。当你走进一家麦当劳餐厅，你意识到你需要 17 400 哥伦比亚比索来买一个巨无霸。假设一个巨无霸在美国卖 5 美元，你会说以购买力平价理论衡量的哥伦比亚比索的购买力被高估还是被低估？

5. 承接第 4 题。以购买力平价理论衡量，哥伦比亚中央银行必须进行哪种类型的外汇市场干预，哥伦比亚比索不会被低估或高估，从而使汇率保持一定水平？

6. 货币贬值对一个国家的进出口会有什么影响？如果一个国家用于计算 CPI 的一篮子商品和服务中的大部分商品都是进口的，你认为这会对这个国家的通货膨胀率产生什么影响？

7. 在金本位制度下，如果英国的生产力比美国高，那么两国的货币供给会发生什么变化？为什么货币供给的变化有助于保持美国和英国之间的固定汇率？

8. 如果 1 美元可以兑换 1/20 盎司⊖黄金，1 瑞士法郎可以兑换 1/40 盎司黄金，美元和瑞士法郎之间的汇率是多少？

9. "在金本位制度下，通货膨胀是不可能的。"这个陈述是正确的，错误的，还是不确定的？解释你的答案。

⊖ 1 盎司 = 28.349 5 克。

10. 假设中国将人民币与美元挂钩，这种做法的缺点是什么？
11. 如果一个国家的票面汇率在布雷顿森林体系的固定汇率制下被低估，这个国家的中央银行将被迫采取何种干预措施？这种干预措施将对该国的国际储备和货币供应量产生何种影响？
12. 为什么一个正在遭受经济衰退的国家不愿意干预外汇市场，如果其货币被高估了呢？假设这个国家采用固定汇率制。
13. "如果一个国家想要保持汇率不变，就必须放弃对其货币政策的部分控制。"评价这个观点。
14. 为什么在纯粹的浮动汇率制下，外汇市场对货币供应量没有直接影响？这是否意味着外汇市场对货币政策没有影响？
15. 为什么德国统一后，钉住汇率制会给新兴市场国家经济增长带来困难？
16. 汇率目标如何导致对一种货币的投机性攻击？
17. 国际货币基金组织在许多接受过国际货币基金组织贷款或救助的国家并不享有很高的声誉。请解释为什么许多人对国际货币基金组织所扮演的角色不满意。
18. 长期债券市场如何帮助减少货币政策的时间不一致问题？外汇市场也能发挥这种作用吗？
19. "国际收支赤字总是导致一个国家失去国际储备。"这个陈述是正确的，错误的，还是不确定的？解释你的答案。
20. 美国持续的国际收支赤字是如何刺激世界通货膨胀的？
21. 汇率目标制作为货币政策策略的主要优势是什么？
22. 什么时候汇率目标制可能成为工业化国家的明智策略？对新兴市场国家来说，何时汇率目标制才可能成为一种明智的策略？

应用题

23. 假设美联储购买了价值100万美元的外国资产。
    a. 如果美联储用100万美元的货币购买外国资产，用T账户显示这种公开市场操作的效果。基础货币会发生什么变化？
    b. 如果美联储通过出售100万美元的国债来购买外国资产，使用国债账户来展示这种公开市场操作的效果。基础货币会发生什么变化？
24. 假设墨西哥中央银行选择将比索与美元挂钩，并承诺实行固定的比索/美元汇率。用比索资产（外汇）市场的图来说明和解释如果美国发生经济危机，墨西哥必须如何保持与美元的联系。

参考答案

选择题

1.A；2.B；3.B；4.B；5.A；6.B；7.A；8.A；9.B；10.A；11.C；12.C

思考题

1. 答：出售美元意味着购买外国资产，这意味着国际储备、基础货币和货币供给都会增加。然而，抵消公开市场出售意味着基础货币和货币供应量将保持不变。因此，国内利率没有变化，美元资产的预期收益率也没有变化，因此需求曲线没有改变，汇率也保持不变。

2. 答：购买美元意味着出售外国资产，这意味着国际储备下降，基础货币下降。因此货币供应量下降，导致利率上升，降低未来的价格水平，从而提高未来的预期汇率。在任何给定的汇率下，这两种效应都会提高美元资产的预期收益率，从而使需求曲线向右平移，并提高均衡汇率。

3. 答：a.减少；b.增加；c.减少；d.减少；e.增加。

4. 答：由于汇率是 1 美元兑换 2 900 哥伦比亚比索，如果一个巨无霸的成本与美国相同，那么它的售价应该是 14 500 哥伦比亚比索。然而，一个巨无霸的售价高于这一数字，这表明以购买力平价理论来看，目前哥伦比亚比索被高估了，因为在当前汇率下，巨无霸在哥伦比亚更贵。

5. 答：为了消除购买力平价方面的高估，哥伦比亚比索的汇率需要下降。哥伦比亚中央银行应进行非冲销性外汇市场干预，出售本币（哥伦比亚比索），购买外汇储备，以增加银行体系的准备金，降低国内利率，使本币计价资产的预期收益率曲线向左平移。

6. 答：当一个国家的货币贬值时，固定汇率被设定在一个较低的水平，这意味着中央银行将不再以以前较高的汇率兑换本国货币。这意味着外国人拥有同样数量的外币可以获得更多单位的本国货币，从而使该国的出口产品对外国人来说更便宜，从而导致该国出口的增加。另一方面，购买外国产品的国内买家现在需要更多的国内货币单位来购买同样数量的外币，因此进口变得更贵，进口将减少。如果许多被用来衡量生活成本的商品都是进口的，那么在货币贬值后，生活成本（以 CPI 的百分比变化来衡量）很可能会增加。

7. 答：英国生产力的提高将导致英镑相对于美元的升值趋势。英镑的升值会导致美国人用美元兑换黄金，把黄金运到英国，然后用黄金购买英镑。其结果是，英国的黄金（国际储备）将增加，这将增加货币供应量，因为基础货币将增加。英国货币供应量的增加会使汇率回落到票面水平，因为这将导致价格水平上升，从而导致英镑贬值。

8. 答：1美元可以兑换2瑞士法郎。

9. 答：错误。通货膨胀发生在第一次世界大战前的金本位制度下。第一次世界大战前，在克朗代克和南非发现黄金，导致黄金数量的持续增加，这导致了世界范围内货币供应量快速增长。结果是全球范围发生通货膨胀。

10. 答：假设中国将人民币与美元挂钩（实际上不可能发生），中国的这种汇率策略将会有几个缺点。首先，多元化是一个问题，因为中国拥有大量的美国资产，包括低收益率的美国国债。其次，由于人民币汇率较低，中国出口产品价格低廉，这在某些国家中引发了一些反对意见，这些国家威胁要实施贸易制裁。最后，人民币被低估导致中央银行大量抛售人民币，增加了中国国内的基础货币和货币供给，这有可能在未来造成高通货膨胀率。

11. 答：中央银行需要出售本国货币，购买外国资产，从而增加其国际储备和基础货币。由此导致的货币供应量增加将导致国内利率下降，这将使本国资产的需求曲线向左平移，从而使均衡汇率达到平价水平。

12. 答：当一个国家实行固定汇率制时，它就有义务干预外汇市场，以维持固定汇率制。然而，经济衰退和货币高估的组合是相当复杂的。必要的非冲销性外汇市场干预意味着购买国内货币，减少银行体系的储备，从而提高国内利率。国内利率的上升对经济会产生负面影响，减少了信贷和耐用品支出。这就是实行固定汇率制的国家有时不愿干预外汇市场的原因。

13. 答：正确。因为当汇率下降时，中央银行必须购买本国货币，这降低了其持有的国际储备和基础货币。同样，当汇率上升时，它必须出售其货币，这将增加其持有的国际储备和基础货币。中央银行为保持汇率固定而进行的必要干预会影响基础货币，进而影响货币供应量和利率。

14. 答：这对货币供应量没有直接影响，因为在一个纯粹的浮动汇率制中没有中央银行的干预；因此，不会影响基础货币的国际储备变化。然而，货币政策可能会受到外汇市场的影响，因为货币当局可能想通过改变货币供应量和利率来操纵汇率。

15. 答：德国统一后，采取了紧缩的货币政策，以限制通货膨胀，这提高了其他新兴市场国家的利率，因为它们的货币与德国马克挂钩。随后，高利率减缓了其他国家的经济增长，增加了失业率。

16. 答：在钉住汇率制下，投机者有时面临的是一种单向押注，即当一个国家的中央银行无力或不愿捍卫货币价值时，货币唯一的走向就是贬值。在这种情况下，在可能的贬值之前抛售货币给了投机者一个极具吸引力的获利机会，并可能带来很高的预期收益。

17. 答：一般来说，国际货币基金组织为帮助各国应对金融危机或货币危机而提供的贷款都附带各种条件。这些条件通常意味着受援国政府应该增加税收，提高国内利率，减少支出，从而使这些经济体面临更加严重的衰退。除此之外，金融危机或货币危机造成的衰退通常非常严重，国家的社会凝聚力受到严重影响。最终，实际人均GDP会再次增长，但这需要花很长时间。

18. 答：长期债券市场可以帮助减少时间不一致的问题，因为中央银行将意识到，追求过度的扩张性政策将导致通货膨胀恐慌，通货膨胀预期飙升，利率上升，长期债券价格大幅下跌。同样，它们会意识到过度扩张性的货币政策将导致货币价值急剧下跌。避免这些结果限制了政策制定者和政治家，因此时间不一致的货币政策不太可能出现。

19. 答：错误。如本章所述，一个储备货币国家，如美国，可以由外国中央银行为其国际收支赤字提供资金，而不改变其国际储备。

20. 答：当其他国家购买美元以防止它们的汇率因美国的赤字而改变时，它们就获得了国际储备，其基础货币也增加了。其结果是，这些国家的货币供应增长更快，并导致全球更高的通货膨胀。

21. 答：首先，汇率目标制通过将国际贸易商品的通货膨胀率与其货币挂钩的锚定国的通货膨胀率联系起来，直接控制了通货膨胀。其次，它为货币政策的实施提供了一种自动规则，有助于缓解时间不一致的问题。最后，它具有简单明了的优点。

22. 答：当国内货币和政治制度不利于制定良好的货币政策时，当汇率目标制有与货币政策无关的其他重要好处时，汇率目标制可能是工业化国家明智的战略。对国内货币和政治制度薄弱的新兴市场国家来说，实行钉住汇率制可能是明智的，因为这是打破通货膨胀心理、稳定经济的唯一途径。

应用题

23. 答：a.美联储的外国资产增加了100万美元，流通中的货币增加了100万美元。这导致基础货币增加了100万美元（见下表）。

资产（美元）		负债（美元）	
外国资产（国际储备）	+1 000 000	流通中的货币	+100 0000

b. 美联储的资产随着外国资产的增加而增加，但这被同样数量的美国国债持有量的减少所冲销。总体而言，美联储的资产没有变化，其负债和基础货币也没有变化（见下表）。

资产（美元）		负债（美元）
外国资产（国际储备）	+1 000 000	—
国债	−1 000 000	

24. 答：紧缩的货币政策导致美国利率上升，将增加对美元资产的需求，减少 D_1 到 D_2 对比索资产的需求，这将使美元升值，比索贬值。这导致比索的价值低于钉住汇率制；为了维持钉住汇率制，墨西哥中央银行必须通过出售外国资产和购买本国货币来提高国内利率。这导致对比索资产的需求增加到 D_1，如下图所示。这证明了挂钩本国货币的一个主要缺点，即挂钩国的国内货币政策依赖于外国经济周期，这意味着国内货币政策没有稳定的余地。在这种情况下，墨西哥被迫实行紧缩政策，这可能会在国内经济中造成意想不到且不受欢迎的紧缩。

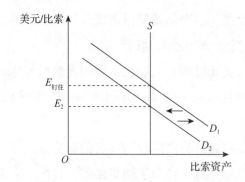

第 22 章

货币数量论、通货膨胀和货币需求

选择题

1. 因为货币数量论告诉我们在一定的总收入中应该持有多少货币,它也是一个关于_____的理论。
   (A) 利率决定　　　　　　　(B) 对货币的需求
   (C) 汇率决定　　　　　　　(D) 资产需求

2. 一美元用于购买在一定时期内生产的最终商品和服务的总数量的平均次数被称为_____。
   (A) 国民生产总值　　　　　(B) 支出乘数
   (C) 货币乘数　　　　　　　(D) 流通速度

3. 如果货币供应量是 500 美元,名义收入是 3 000 美元,货币流通速度是_____。
   (A) 1/60　　　　　　　　　(B) 1/6
   (C) 6　　　　　　　　　　 (D) 60

4. 在费雪的货币数量论中,货币流通速度是由_____决定的。
   (A) 利率　　　　　　　　　(B) 实际 GDP
   (C) 经济中影响个人交易方式的制度　(D) 价格水平

5. 如果政府通过向中央银行出售债券为其支出提供资金,那么基础货币将_____,货币供给将_____。

(A) 增加；增加   (B) 增加；减少

(C) 减少；减少   (D) 不变；不变

6. 通过向公众出售债券为政府支出融资，公众用货币支付债券，将_____。
   (A) 导致基础货币的永久性下降   (B) 导致基础货币的永久性增加
   (C) 导致基础货币的暂时增加   (D) 对基础货币没有净影响

7. 凯恩斯假设，货币需求的交易部分主要是由_____决定的。
   (A) 利率   (B) 货币流通速度
   (C) 收入   (D) 股票市场价格

8. 对货币的需求，作为一种缓冲，以应对意外的偶发事件被称为_____。
   (A) 交易动机   (B) 预防动机
   (C) 保险动机   (D) 投机动机

9. 凯恩斯关于货币需求的理论暗示流通速度_____。
   (A) 不是恒定的，而是随着利率的变动而波动
   (B) 不是恒定的，而是随着价格水平的变动而波动
   (C) 不是恒定的，但在一年中的某个时间随运动而波动
   (D) 是常数

10. 投资组合选择理论表明，影响货币需求的因素包括_____。
    (A) 收入   (B) 名义利率
    (C) 其他资产的流动性   (D) 以上都有

11. 在流动性陷阱中，货币政策_____。
    (A) 对利率有很大的影响   (B) 对利率的影响很小
    (C) 对利率没有影响   (D) 对利率有相应的影响

12. 没有货币幻觉就意味着_____。
    (A) 当实际收入翻倍时，对货币的需求也翻倍
    (B) 当利率翻倍时，对货币的需求翻倍
    (C) 当货币供给翻倍时，货币需求翻倍
    (D) 当价格水平翻倍时，货币需求翻倍

13. 托宾的货币投机需求模型表明人们将持有货币作为一种财富的储存方式，是为了_____。
    (A) 降低风险   (B) 减少收入
    (C) 逃税   (D) 降低交易成本

14. 在使用美国数据研究利率和货币需求之间联系的最早的研究之一中，詹姆斯·托

宾得出的结论是，货币需求_____。

（A）对利率敏感　　　　　　　　（B）对利率不敏感

（C）对收入变化不敏感　　　　　（D）对债券价值的变化不敏感

思考题

1. 你认为在整个经济周期中，货币流通速度通常会如何表现？
2. 如果货币流通速度和总产出相当恒定（正如古典经济学家所相信的那样），当货币供给从1万亿美元增加到4万亿美元时，价格水平会发生什么变化？
3. 如果信用卡被国会立法定为非法，那么货币流通速度会发生什么变化？解释你的答案。
4. "如果名义GDP上升，货币流通速度也必须上升。"这个陈述是正确的，错误的，还是不确定的？解释你的答案。
5. 中央银行为什么要担心持续的、长期的预算赤字呢？
6. "持续的预算赤字总是会导致更高的通货膨胀。"这个陈述是正确的，错误的，还是不确定的？解释你的答案。
7. 为什么明明知道债务会导致更高的通货膨胀，中央银行还是会选择将债务货币化呢？
8. 假设有两个中央银行：一个有着保持价格稳定和低通货膨胀的历史，另一个有着糟糕的通货膨胀管理的历史。在其他条件相同的情况下，如果两国将相同水平的政府预算赤字货币化，那么两国的通货膨胀状况可能如何表现？
9. 有些支付技术需要基础设施（例如，商家需要访问信用卡刷卡机）。在大多数发展中国家，这一基础设施在以前要么不存在，要么非常昂贵，但最近移动支付系统在发展中国家迅速扩大，因为它们变得更便宜。在其他条件相同的情况下，相对于发达国家，你认为发展中国家对货币的交易需求会增加还是减少？
10. 在凯恩斯关于实际货币余额需求的流动性偏好理论中，持有货币的三个动机是什么？在这些动机的基础上，他认为哪些变量决定了货币需求？
11. 在许多国家，人们持有货币是为了缓冲保险市场通常无法覆盖的各种潜在情况（例如银行危机、自然灾害、健康问题、失业等）所产生的意外需求。解释这种行为对货币需求的预防性成分的影响。
12. 为什么凯恩斯对货币投机需求的分析对他如下的观点很重要，即货币流通速度会发生大幅波动，因此不能被视为恒定的？

13. 根据货币需求的投资组合理论，决定货币需求的四个因素是什么？这些因素的哪些变化会增加对货币的需求？

14. 根据货币需求的投资组合理论，解释以下事件将如何影响货币需求：

    a. 经济出现周期性收缩。

    b. 经纪费用下降，使债券交易成本降低。

    c. 股市崩盘。（提示：考虑一下股市崩盘后股价波动幅度的增加和股东财富的减少。）

15. 假设某一国家在相当长一段时间内经历了低而稳定的通货膨胀率，但随后通货膨胀率上升，在过去 10 年里一直相对较高且难以预测。根据货币需求的投资组合理论，解释这种新的通货膨胀环境将如何影响货币需求。如果政府决定发行通货膨胀保值证券会发生什么？

16. 考虑一下货币需求的投资组合理论。你认为在恶性通货膨胀（即月度通货膨胀率超过 50%）期间，货币需求会受到怎样的影响？

17. 货币需求的投资组合理论和凯恩斯对货币需求的观点都表明，随着货币的相对预期收益率下降，对货币的需求也会下降。为什么投资组合理论预测货币需求受利率变化的影响？为什么凯恩斯认为货币需求会受到利率变化的影响？

18. 为什么凯恩斯对货币需求的观点认为货币流通速度是不可预测的？

19. 用什么证据来评估货币需求函数的稳定性？关于货币需求的稳定性，相关证据表明了什么？这一结论如何影响了货币政策的制定？

20. 假设某个国家的统计期限为 40 年的 M2 货币供应量和名义 GDP 的图显示，这两个变量密切相关。特别是，它们的比值（名义 GDP/M2 货币供应量）非常稳定且易于预测。基于这些证据，你是否建议这个国家的货币当局通过重点关注货币供应量而不是设定利率来实施货币政策？

应用题

21. 假设货币供应量 M 以每年 10% 的速度增长，名义 GDP PY 以每年 20% 的速度增长。数据如下（以 10 亿美元为单位）：

	2018 年	2019 年	2020 年
M	100	110	121
PY	1 000	1 200	1 440

    计算每一年的货币流通速度。货币流通速度在以怎样的速度增长？

22. 如果货币流通速度等于5并且保持不变，货币供应量从2 000亿美元增加到3 000亿美元，名义GDP会发生什么变化。
23. 如果货币供应量增长20%，但流通速度下降30%，名义GDP会发生什么变化？
24. 如果货币流通速度和总产出分别保持在5和1万亿美元不变，那么如果货币供应量从4 000亿美元下降到3 000亿美元，价格水平会发生什么变化？
25. 假设流动性偏好函数由$L(i,Y)=Y/8-1\,000i$表示，用货币需求等式和下表中的数据计算每一个时期的货币流通速度。

时期	1	2	3	4	5	6	7
Y（10亿美元）	12 000	12 500	12 250	12 500	12 800	13 000	13 200
利率	0.05	0.07	0.03	0.05	0.07	0.04	0.06

参考答案

选择题

1.B；2.D；3.C；4.C；5.A；6.D；7.C；8.B；9.A；10.D；11.C；12.D；13.A；14.A

思考题

1. 答：由于名义GDP在衰退期间下降，结果是实施扩张性货币政策，增加货币供给，在大多数情况下，经济衰退期间货币流通速度会下降。在扩张期间，货币供给的扩张性将减弱，名义GDP将上升，通常会导致货币流通速度提高。
2. 答：价格水平将变为原来的4倍。
3. 答：货币流通速度会下降，因为需要更多的货币供应量（M）来进行相同水平的交易（PY）。$PY/M=V$，分母变大，因此货币流通速度会下降。
4. 答：错误。货币流通速度等于名义GDP除以货币供应量。如果名义GDP增加，但货币供应量增加更多，那么货币流通速度就会下降。
5. 答：持续的长期预算赤字可能导致一种担忧，即决策者将通过未来将债务货币化来满足预算限制，从而导致基础货币的大幅增加，这将造成严重的通货膨胀。即使中央银行无意将债务货币化，人们对中央银行可能这么做的看法或表现也会增加通货膨胀预期，使货币政策制定者更难将通货膨胀维持在一个低而稳定的水平。
6. 答：不确定。只要一个国家（如美国）能够可靠地进入债券市场，而且债券持有人愿意接受并持有国债，这个国家就可以继续依靠借贷来履行财政义务。这基于政府未来将有能力偿还债务，违约风险较低。然而，一旦债券持有人认为预算赤字已达到不可持续的水平，他们可能决定不再持有债券，这可能迫使政府将债务货币化，以履行财务义务。在这种情况下，可能导致更高的通货膨胀。

7. 答：如果政府出现巨额赤字，就可能导致利率上升，经济收缩，或者偏离中央银行的最优政策利率和中央银行可能想要降息的水平。因此，通过购买债券和将债务货币化，即使它可能会增加基础货币和增加通货膨胀风险，但它有利于降低利率（或减缓利率的增长），因为财政部的债务发行增加了。这在生产或就业目标可能需要优先于价格稳定目标的情况下特别有用。

8. 答：通货膨胀管理不佳的中央银行很容易出现通货膨胀预期失控（或大幅上升）的情况。因此，如果由于债务货币化的结果，两个国家的基础货币都增加了相同的数额，那么，在通货膨胀管理不善的国家，通货膨胀的增长很可能会远远超过价格长期稳定的国家。

9. 答：总的来说，需要昂贵的基础设施来支持新的支付技术意味着发展中国家将比发达国家更多地使用现金。因此，相比之下，对货币的交易需求会很大。然而，随着发展中国家移动支付技术的迅速改进，相对于发达国家，这将减少对货币的交易需求。

10. 答：这三种动机分别是预防动机、投机动机和交易动机。从这三个动机出发，凯恩斯认为货币需求与收入正相关，与名义利率负相关。

11. 答：这将导致预防动机的增强和货币需求的增加。

12. 答：因为货币投机需求分析表明，货币需求和货币流通速度受到利率的影响，如果利率波动很大，货币流通速度也会受到很大影响。此外，正如第11题的答案所述，人们对正常利率水平的预期的变化将导致货币需求的波动，从而导致货币流通速度的波动。因此，凯恩斯对货币投机需求的分析表明，货币流通速度绝非恒定的；相反，它可能会发生大幅波动。

13. 答：在投资组合理论中，决定货币需求的四个因素是利率（利率下降会增加货币需求）、财富（财富越高，货币需求就越高）、替代资产的风险（替代资产的风险越高，货币需求就会增加）和其他资产的流动性（替代资产的流动性下降，货币需求就会增加）。

14. 答：a. 这将导致替代性资产的风险增加，替代性资产的流动性可能降低，利率可能下降，这将导致货币需求增加。请注意，即使财富减少，这也会对货币需求产生适度的负面影响。

b. 低成本的债券交易使债券市场更具有流动性，导致对债券持有的需求增加，从而减少对货币的需求。

c.股市崩盘将导致股价更高的波动性，从而增加股票的风险，这将增加对资金的需求。股市崩盘会减少财富，但这可能会对货币需求产生较小的负面影响，导致货币需求整体上升。

15. 答：对货币的需求可能会下降。与其他资产相比，货币的风险更大，所以人们宁愿持有更稳定的资产，而不是货币。此外，高且不可预测的通货膨胀将导致非常高的利率，这将减少货币需求。如果政府发行通货膨胀保值证券，那么其将成为高风险货币持有的替代选择，会导致对货币的需求进一步减少。

16. 答：对货币的需求将减少，类似于上面的第15题，但减少的幅度要剧烈得多。与其他资产相比，货币的风险更大，所以人们宁愿持有更稳定的资产，而不是货币。此外，恶性通货膨胀将导致非常高的利率，这将进一步减少货币需求。

17. 答：在凯恩斯看来，利率上升会导致货币的相对预期收益率降低，从而降低对货币的需求。在投资组合理论的观点中，利率的上升会导致可开支票存款的隐性利息增加，因此货币的相对预期收益率只会少量下降。因此，从投资组合理论的观点来看，当利率上升时，对货币的需求变化不大。

18. 答：在凯恩斯看来，货币流通速度是不可预测的，因为利率的大幅波动会影响对货币的需求，从而影响货币流通速度。此外，凯恩斯的分析表明，如果人们对正常利率水平的预期发生变化，那么对货币的需求也会发生变化。凯恩斯认为，这些预期的变动是不可预测的，这意味着货币需求和货币流通速度也是不可预测的。

19. 答：货币流通速度用来表示货币需求函数是否稳定。如果货币流通速度是可预测且稳定的，那么货币需求函数也是稳定的，反之亦然。直到20世纪70年代初，货币需求函数是稳定的，但在那之后，金融创新使速度相对不可预测，因此意味着一个更不稳定的货币需求函数。正因为如此，美联储不再使用货币供应量作为其主要货币政策指标，转而使用利率作为其主要货币政策指标。

20. 答：这种稳定的关系意味着M2货币供应量的货币流通速度非常稳定，因此货币需求相对稳定。在这种情况下，调整货币供应量将与总支出紧密相连，因此应该用于货币政策的实施，而不是设定利率来实施货币政策。

应用题

21. 答：2018年的货币流通速度约10，2019年的货币流通速度为10.9，2020年的货币流通速度为11.9。货币流通速度增长率约为每年9%。

22. 答：名义 GDP 从 1 万亿美元增加到 1.5 万亿美元。
23. 答：名义 GDP 下降约 10%。
24. 答：价格水平从 2（= 5 × 4 000/10 000）下降到 1.5（= 5 × 3 000/10 000）。
25. 答：相关信息如下表所示。

时期	1	2	3	4	5	6	7
Y（10 亿美元）	12 000	12 500	12 250	12 500	12 800	13 000	13 200
利率	0.05	0.07	0.03	0.05	0.07	0.04	0.06
$L(i, Y)$	1 450	1 492.5	1 501.25	1 512.5	1 530	1 585	1 590
$V = Y/L(i, Y)$	8.28	8.38	8.16	8.26	8.37	8.20	8.30

第 23 章

总需求和总供给分析

选择题

1. 总需求曲线是一个经济体什么的总数量：_____。
    （A）不同通货膨胀率下的中间产品需求
    （B）在特定通货膨胀率下需求的中间产品
    （C）在特定通货膨胀率下需求的最终产品和服务
    （D）不同通货膨胀率下对最终产品和服务的需求

2. 通过分析总需求的各个组成部分，我们可以得出结论，在其他一切保持不变的情况下，通货膨胀率的下降会导致_____。
    （A）实际利率上升，投资支出增加，总产出需求下降
    （B）实际利率下降，投资支出减少，总产出需求增加
    （C）实际利率下降，投资支出增加，总产出需求增加
    （D）实际利率上升，投资支出下降，总产出需求下降

3. 其他一切保持不变，如果工人预期通货膨胀率会增加，_____总供给_____。
    （A）长期；会增加 （B）长期；会减少
    （C）短期；会减少 （D）短期；会增加

4. 在其他条件不变的情况下，下列哪一项会增加短期总供给？_____。
    （A）原油价格上涨 （B）工人成功推动工资上涨

(C)对更高通货膨胀率的预期　　　　(D)提高工人生产率的技术改进

5. 以下哪种情况能使短期总供给曲线向右移动？_____。

(A)产出缺口更大　　　　　　　　(B)产出缺口较小

(C)预期通货膨胀率更高　　　　　(D)预期通货膨胀率较低

6. 以下哪种情况能使长期总供给曲线向右移动？_____。

(A)经济中资本总量的减少　　　　(B)经济中劳动力供给总量的减少

(C)可用技术的减少　　　　　　　(D)自然失业率下降

7. 经济总能恢复到产出的自然率水平的事实被称为_____。

(A)过度需求假说　　　　　　　　(B)价格调整机制

(C)自我调节机制　　　　　　　　(D)自然失业率

8. 假设经济以产出的自然率水平生产。假设固定的产出的自然率水平和其他一切都保持不变，一种新的、生产率更高的技术的发展将导致长期失业率_____和短期通货膨胀率_____。

(A)增加；增加　　　　　　　　　(B)减少；减少

(C)无变化；减少　　　　　　　　(D)无变化；无变化

9. 假设经济以产出的自然率水平生产。消费者和企业信心的增加将导致长期实际GDP_____和长期通货膨胀率_____，其他一切保持不变。

(A)增加；增加　　　　　　　　　(B)减少；减少

(C)无变化；增加　　　　　　　　(D)无变化；减少

10. 根据总需求和总供给分析，2000~2004年的负向需求冲击导致_____。

(A)总产出增加，失业率下降，通货膨胀率上升

(B)总产出减少，失业率上升，通货膨胀率上升

(C)总产出增加，失业率下降，通货膨胀率下降

(D)总产出减少，失业率上升，通货膨胀率下降

11. 原材料供应减少导致价格水平上涨称为_____冲击。

(A)负向需求　　　　　　　　　　(B)正向需求

(C)负向供给　　　　　　　　　　(D)正向供给

12. 根据总需求和总供给分析，2007~2008年油价上涨加上全球金融危机导致失业率_____，实际总产出水平_____。

(A)增加；提高　　　　　　　　　(B)增加；降低

(C)减少；提高　　　　　　　　　(D)减少；降低

思考题

1. 解释为什么总需求曲线向下倾斜,而短期总供给曲线向上倾斜?
2. 找出三个可以使总需求曲线右移的因素和三个可以使总需求曲线左移的因素。
3. "美元在 2012~2017 年的升值对美国的总需求有消极影响",判断这句话是正确的、错误的还是不确定的,请解释你的回答。
4. 世界上的很多国家都出现了人口老龄化的问题,大部分人口正在退休或接近退休。这会对一个国家的长期总供给曲线产生什么影响?结果会对总产出产生什么影响?
5. 当劳动力随着时间更具有生产力时,会对长期总供给曲线产生什么样的影响?
6. 为什么中央银行这么关心通货膨胀预期?
7. "如果价格和工资非常灵活,那么 $\gamma=0$ 和总需求发生的变化对产出的影响会更小。"以上陈述是正确的、错误的还是不确定的?请解释你的回答。
8. 哪些因素会使短期总供给曲线发生位移?其中又有哪些因素会使长期总供给曲线发生位移?为什么?
9. 如果巨额预算赤字使得公众认为未来会有更高的通货膨胀,那么当预算赤字增大时,短期总供给曲线可能发生什么样的变化?
10. 在美国金融危机的余波中,劳动力流动显著减少,如果这会影响到自然失业率,那会怎么样呢?
11. 当总产出低于产出的自然率水平时,如果总需求曲线保持不变,通货膨胀率随时间会发生什么变化?为什么?
12. 假设公众相信一个新发布的反通货膨胀计划会起作用并且由此降低了对未来通货膨胀的预期。短期内总产出和通货膨胀率会发生什么变化?
13. 如果在其他因素不变的前提下,失业率高于自然失业率会对通货膨胀和产出带来什么影响?
14. 政府税收减少对通货膨胀和产出在短期和长期分别带来什么影响?
15. 什么因素导致了 20 世纪 90 年代失业率和通货膨胀率的下降?
16. 如果说滞胀(高通货膨胀率和高失业率)是无益的,那么是否意味着低通货膨胀率和低失业率有益?
17. 为什么美联储在 20 世纪 80 年代初期推行固有的经济衰退政策?
18. 沃尔克的反通货膨胀政策从哪种角度看是成功的,从哪种角度看是失败的?
19. 在 2007~2009 年的金融危机中,为什么中国比美国和英国的境况要好得多?

应用题

20. 用总需求与总供给图来描述以下因素对短期和长期产生的影响：

    a. 暂时性的负向供给冲击。

    b. 永久性的负向供给冲击。

21. 假设美国总统使国会通过了关于鼓励研发新技术的投资。假设这项政策对于美国经济来说会带来生产率上的有利变化，用总需求和总供给分析来预测对通货膨胀率和产出的影响。画图来证明这些影响。

22. 美国国会收到一些提案，这些提案主张在全美范围内实施销售税。请预测这一税收政策会对总需求和总供给曲线以及总产出和通货膨胀率产生怎样的影响。用总需求和总供给曲线图来证明这些影响。

23. 假设相对于产出的下降和失业率的上升，通货膨胀率保持不变。运用总需求和总供给曲线图来证明这种情形是可能存在的。

24. 对下列事项进行分类，判断它们属于供给冲击还是需求冲击。画图表示这些因素对通货膨胀率与产出的长期和短期影响。

    a. 金融摩擦增加。

    b. 家庭和企业对经济更加乐观。

    c. 美国中西部地区有利的气候条件使玉米和小麦产量破纪录。

    d. 汽车工人罢工 4 个月。

25. 2017 年，美国联邦政府官员讨论过通过提高利率来降低有可能增加的预期通货膨胀率的可行性。如果公众认为未来的通货膨胀率会更高，会对短期总供给曲线产生什么样的影响？运用总需求和总供给曲线图来证明你的观点。

参考答案

选择题

1.D；2.C；3.C；4.D；5.D；6.D；7.C；8.C；9.C；10.D；11.C；12.B

思考题

1. 答：通货膨胀率上升导致货币政策制定者提高实际利率。这减少了计划支出并降低了商品市场平衡所需的产出水平。如果通货膨胀率下降，则会发生相反的情况。因此，商品市场均衡将在通货膨胀率上升时出现在较低的产出水平，而在通货膨胀率下降时出现在较高的产出水平。总需求曲线的向下倾斜反映了这一点。短期总供给曲线向上倾斜，反映当经济体的商品和服务总产出在短期内超过潜在产出水平时通货膨胀率上升，而当产出低于潜在产出水平时通货膨胀率下降。

2. 答：以下因素使总需求曲线右移：货币政策宽松、政府购买增加、税收减少、消费自主增加、投资自主增加、净出口自主增加、金融摩擦减少。这些因素的相反变化使总需求曲线向左移动。

3. 答：这个说法是正确的。美元升值使美国出口商品对外国消费者而言更加昂贵，同时也使进口到美国的商品变得更便宜。结果是出口减少，进口增加，净出口减少。根据总需求和总供给分析，总需求曲线向左移动，产出减少。请注意，如果美国公司大量进口投入品，美元升值也可能影响短期总供给曲线。投入品价格的下降将使短期总供给曲线向右移动，这在一定程度上缓解了总需求变化引起的产出下降。

4. 答：如果劳动力供给因大部分人口退休而减少，这会降低经济的生产能力，导致长期总供给曲线向左移动。在其他条件相同的情况下，这将导致该国总产出下降。

5. 答：随着劳动生产率的提高，长期总供给曲线向右移动。这是因为现有的劳动力加上一定数量的资本和其他资源，可以带来更多的产出，表明潜在产出增加。

6. 答：当预期通货膨胀率上升时，它会使短期总供给曲线上移，导致短期实际通货膨胀率上升，并可能引发通货膨胀效应，例如负向价格冲击。这说明预期通货膨胀率在低水平"失去锚定"时的危险，因为中央银行更难以稳定通货膨胀率，特别是当暂时的通货膨胀冲击导致更高的预期通货膨胀率时。

7. 答：错误。随着价格和工资变得更加灵活，γ变得更大，短期总供给曲线变得更陡峭。（在极限情况下，具有完美的灵活性，γ接近无穷大。）因此，对于给定的总需求冲击，随着短期总供给曲线变得更陡峭，对产出的影响更小。

8. 答：短期总供给曲线的移动是由预期通货膨胀率、价格冲击和持续的产出缺口的变化引起的。这些因素都不会改变长期总供给曲线，因为价格和工资的灵活性确保经济在长期内以其潜在产出水平生产。潜在产出不取决于实际或预期的通货膨胀率，而是取决于可用于生产商品和服务的资本、劳动力和技术。然而，潜在产出的变化会使长期总供给曲线和短期总供给曲线移动，因为它会改变任何给定实际产出水平下的产出缺口。

9. 答：短期总供给曲线将向上移动，因为工人和企业预期价格会更高，工资和生产成本会上升。

10. 答：如果一个经济体内的劳动力流动性下降，工人和公司就更难互相匹配，因此，工作匹配过程可能需要更长的时间，对于那些不搬到其他工作机会充裕地区的人来说，可能很难找到工作，这会导致结构性失业率上升。结果是自然失业率将上升。

11. 答：当产出低于潜在产出时，失业率高于自然失业率，劳动力市场疲软导致工资增长放缓。正如菲利普斯曲线所表明的，这导致公司提高价格的速度变慢，从而降低了通货膨胀率。因此，预期通货膨胀率在接下来的时间段内将较低，短期总供给曲线将向下移动。这种通货膨胀率和预期通货膨胀率下降以及短期总供给曲线向下移动的调整过程会随着时间的推移持续下去，直到产出增加到潜在产出水平，产出缺口增加到零，经济达到长期均衡。

12. 答：通货膨胀率将低于其他情况，总产出将更高。较低的预期通货膨胀率将导致短期总供给曲线下移，从而使短期总供给曲线与总需求曲线的交点将处于较高的总产出和较低的通货膨胀率水平上。

13. 答：当失业率高于自然失业率时，劳动力市场疲软，产出低于潜在产出水平。这导致短期总供给曲线向下移动，随着时间的推移导致较低的通货膨胀率和较高的产出，直到经济达到长期均衡。

14. 答：税收减少将导致总需求曲线向右移动。短期内，通货膨胀和产出都会上升。这导致劳动力市场紧张，从而提高预期通货膨胀率并使短期总供给曲线上移。当这种情况发生时，经济将进入新的长期均衡，产出回落到潜在产出水平，通货膨胀率上升。

15. 答：有几个因素导致潜在产出增加，这有助于降低失业率和通货膨胀率。其中包括医疗保健行业效率的提高，计算机技术的日益普及使得生产力迅速提高，以及有利的人口因素，例如劳动力平均年龄的增加，这有助于降低自然失业率。所有这些因素都增加了潜在产出，并使长期总供给曲线向右移动，从而降低了20世纪90年代后期的失业率和通货膨胀率。

16. 答：不是。尽管低失业率是有益的，但如果失业率相对于自然失业率而言太低，即使目前的通货膨胀率仍然相对较低，未来的通货膨胀风险也可能会增加。此外，通货膨胀率过低意味着不利冲击可能导致传统政策工具触及零下限和通货膨胀率转负，从而可能引发通缩事件，这将具有破坏性。

17. 答：美联储在那段时间的政策并不是故意引起经济衰退，但是，它对于将通货膨胀率（和预期通货膨胀率）重新锚定在一个永久的较低水平是必要的。考虑到当时美联储在抗击通货膨胀方面几乎没有可信度，实现这一目标的唯一方法是采取高度紧缩的政策来降低通货膨胀率，其必然的副作用是总需求急剧下降。

18. 答：沃尔克的反通货膨胀政策被认为是成功的，因为时任美联储主席保罗·沃尔克在经历了20世纪70年代大部分时间的高水平通货膨胀和波动性通货膨胀之后，终于能够将通货膨胀率降至永久较低的稳定水平。不幸的是，使经济走上低且稳定的长期通货膨胀道路的政策需要显著的紧缩政策。这些政策导致了20世纪80年代初的两次衰退，失业率在高峰期上升到12%以上。因此，尽管降低20世纪70年代高水平通货膨胀的政策达到了目的，但这些政策付出了一些代价。

19. 答：有几个因素对中国有利，使其能够比美国和英国更好地经受住金融危机的影响。总体而言，美国和英国的经济与金融市场的运作联系更为紧密，因此当金融市场恶化时，对美国和英国的经济与金融市场伤害更为直接和显著。当雷曼兄弟倒闭，金融危机最严重时，全球对商品和服务的需求萎缩，这确实对中国的出口部门造成了一定影响。然而，这两个案例最大的区别在于政策反应。中国实施了积极的财政刺激，同时自主放宽了货币政策，其力度和规模都超过了美国和英国。两个案例的结果差异是：中国的增长虽然放缓，但并未停滞；就美国和英国而言，金融危机导致了它们深度且长期的衰退。

应用题

20. 答：a. 由于暂时性的负向供给冲击，短期总供给曲线向左（向上）移动。短期内，产出下降，通货膨胀率上升。这造成劳动力市场疲软，从而给通货膨胀率带来下行压力。随着劳动力市场持续疲软和预期通货膨胀率下降，短期总供给曲线向下移动。随着时间的推移，通货膨胀率下降，产出上升，直到经济回到长期均衡（见下图）。

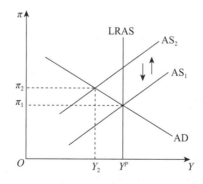

b. 在永久性的负向供给冲击下，长期总供给曲线向左移动。这创造了一种条件，即产出现在高于潜在产出，劳动力市场收紧。随着通货膨胀率和预期通货膨胀率的上升，短期总供给曲线向左（向上）移动，达到新的长期均衡。最终，在新的长期均衡下，产出较低，通货膨胀率较高（见下图）。

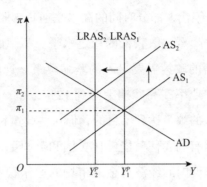

21. 答：技术变革和基础设施改进会影响长期总供给曲线。例如，更省油的汽车导致对天然气的需求减少，同时能源生产的创新使得在任何价格水平上增加能源供给成为可能。这些领域的创新使得短期供给曲线向右（向下）移动，长期供给曲线向右移动。基础设施的改善使货物进入市场的运输更加高效，并以多种方式提高了生产率。总之，从长远来看，通货膨胀率下降，产出增加（见下图）。

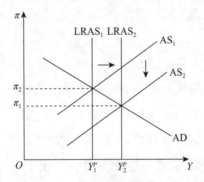

22. 答：实施销售税将提高生产成本，使得商品成本升高，短期总供给曲线将向左（向上）移动。短期总供给曲线与总需求曲线的交点对应较高的通货膨胀率和较低的总产出水平，即总产出会下降，通货膨胀率会上升（见下图）。

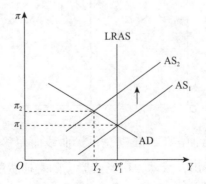

23. 答：如果产出下降而通货膨胀率保持不变，那么总供给曲线和总需求曲线都会向左移动，且其水平位移相同。可见，通货膨胀率保持不变但短期内产出下降、失

业率上升的情况是可能存在的，如下图所示。

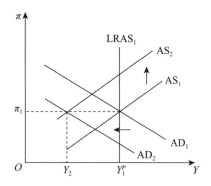

24. 答：a. 负向需求冲击。金融摩擦的增加减少了总需求。产出和通货膨胀率在短期内下降；从长远来看，产出回升到潜在水平，通货膨胀率下降，如下图所示。

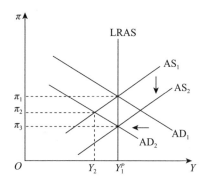

b. 正向需求冲击。经济乐观情绪增加了自主消费和投资，从而增加了总需求。短期产出和通货膨胀率上升；从长远来看，产出回落到潜在水平，通货膨胀率上升（见下图）。

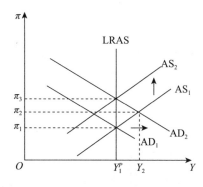

c. 正向供给冲击。这使得短期总供给曲线向右（向下）移动。短期内产出增加，通货膨胀率下降；从长远来看，产出回落到潜在水平，通货膨胀率上升，回到原来的水平（见下图）。

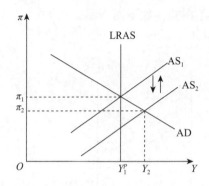

d. 负向供给冲击。这使得短期总供给曲线向左（向上）移动。短期产出减少，通货膨胀率上升；从长远来看，产出回升至潜在水平，通货膨胀率下降，回到原来的水平（见下图）。

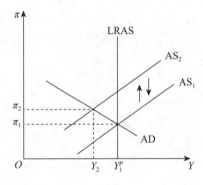

25. 答：如果公众假设现任美联储官员并不那么担心通货膨胀，则预期通货膨胀率将会增加，从而使短期总供给曲线向上（向左）移动，如下图所示。2017年，由于经济基本复苏，但通货膨胀率仍处于低位，出于担心，美联储官员考虑何时可能需要加息以对抗通货膨胀的困境。过晚加息可能会加剧通货膨胀率上升的预期，而过早加息则会减缓复苏，甚至使经济重新陷入衰退。做出这个决定相当困难，因此，大多数时候货币政策的实施更像是一门艺术而不是一门科学。

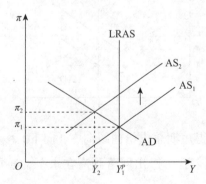

第 24 章

货币政策理论

选择题

1. 政策制定者在面对_____时无法同时实现价格稳定和经济活动稳定
   - （A）暂时性的供给冲击
   - （B）永久性供给冲击
   - （C）需求冲击
   - （D）以上三个选项都正确

2. 当经济遭受永久性的负向供给冲击并且中央银行没有通过改变货币政策的自主成分来应对时，那么_____。
   - （A）通货膨胀率会更低
   - （B）产出将发挥其潜力
   - （C）产出将不变
   - （D）通货膨胀率将保持不变

3. 如果总产出低于产出自然率水平，政策积极分子会建议政府_____。
   - （A）什么都不做
   - （B）试图通过使总供给曲线向右移动来消除高失业率
   - （C）试图通过使总需求曲线向右移动来消除高失业率
   - （D）试图通过将总需求曲线向左移动来消除高失业率

4. 立法时滞代表_____。
   - （A）政策制定者获得表明经济状况的数据所需的时间
   - （B）政策制定者确定数据预示着未来经济进程所花费的时间
   - （C）通过立法以实施特定政策所需的时间

(D) 政策制定者在决定新政策后改变政策工具所花费的时间

(E) 政策实际对经济产生影响所需的时间

5. 完成米尔顿·弗里德曼的著名命题:"通货膨胀在任何时候和任何地方都是一种_____现象。"

(A) 货币 (B) 政治

(C) 政策 (D) 预算

6. 工人成功提高工资和政府对高就业率的承诺相结合导致_____。

(A) 需求拉动型通货膨胀 (B) 供给方的通货膨胀

(C) 供给冲击的通货膨胀 (D) 成本推动型通货膨胀

7. 如果工人不相信政策制定者认真对待对抗通货膨胀计划,他们最有可能推动提高工资,这将_____总_____并导致失业率或通货膨胀率或两者都提高,其他一切保持不变。

(A) 减少;需求 (B) 增加;需求

(C) 减少;供给 (D) 增加;供给

8. 如果政策制定者设定的失业目标太低,因为它低于自然失业率,这可能会为更高的货币增长率创造条件并造成_____。

(A) 成本推动型通货膨胀 (B) 需求拉动型通货膨胀

(C) 成本拉动型通货膨胀 (D) 需求推动型通货膨胀

9. 当政策利率触及下限且通货膨胀率持续下降时,这部分总需求曲线为_____。

(A) 向下倾斜的 (B) 向上倾斜的

(C) 平坦的 (D) 不确定的

10. 在政策利率为零的情况下,预期通货膨胀率上升将导致实际利率_____,从而导致投资支出和总产出_____。

(A) 下降;上升 (B) 下降;下降

(C) 上升;上升 (D) 上升;下降

思考题

1. 通货膨胀缺口为负值时意味着什么?

2. "如果自主支出下降,中央银行为了稳定通货膨胀水平将会降低它的目标通货膨胀率。"判断这种说法是否正确并说明理由。

3. 如果以下的冲击真的发生,描述货币政策制定者将如何制定政策以达到稳定经济活动的目标。假设经济达到了长期均衡。

a. 消费者减少自主性消费。

b. 金融摩擦减少。

c. 政府支出增加。

d. 税收增加。

e. 本币升值。

4. 在金融危机期间，美联储是如何避免大幅度降低利率而达到抵消金融摩擦剧增的？美联储的计划生效了吗？

5. 为什么"神圣的巧合"可以简化政策制定者的工作？

6. 为什么暂时性的负向供给冲击会给政策制定者带来两难困境？

7. 长期负向供给冲击比短期负向供给冲击更严重，这表现在哪些方面？

8. 假设三个经济体遭受了同样的暂时性负向供给冲击，在 A 国，通货膨胀率最开始上升并且产出降低，之后通货膨胀率上升更多并且产出增加；在 B 国，通货膨胀率最开始上升并且产出降低，之后通货膨胀率和产出同时下降；在 C 国，通货膨胀率最开始上升并且产出下降，之后通货膨胀率下降并且产出最终上升。每个国家应该各自采取什么方法来稳定经济活动？

9. "面对一个正向供给冲击，政策制定者从来不会做出稳定产出的反应。"判断这种说法是否正确并说明理由。

10. 公司获得新厂房和设备然后运营往往需要很长时间的事实是对于什么政策问题的阐述？

11. 在美国，许多观察家近年来就华盛顿的政治僵局发表了评论，并将美国国会称为"不作为的国会"。这是什么类型的政策时滞？

12. 稳定政策更容易由哪种政策来施行？货币政策还是财政政策？为什么？

13. "如果数据时滞和认识时滞能够减少，相机抉择政策将对经济更有利。"判断这种说法是否正确并说明理由。

14. 如果经济的自我调节机制作用缓慢，政府采取相机抉择政策来减少失业率是必要的吗？写出你的观点并说明理由。

15. 20 世纪 70 年代初期，非预期的生产力下降导致更多的经济学家相信潜在产出比实际产出要高。政策制定者在这种情形下可能会怎么做出反应？你认为会出现什么结果？

16. 20 世纪 60 年代和 20 世纪 70 年代，美国通货膨胀率显著上升，但是在这两个阶段，失业率却截然不同，这是为什么？

17. 给定一条相当陡峭的短期总供给曲线和一条相当平坦的短期总供给曲线，哪一条曲线对于施行非相机抉择政策的依据更有力？为什么？
18. "既然政策制定者并不愿意看到通货膨胀发生，那么他们的政策不可能是通货膨胀的根源。"判断这种说法是否正确并说明理由。
19. 货币当局如何设定它们所需要的通货膨胀率？
20. 实际自然失业率为5%，而政策制定者错误地认为自然失业率为7%时将会发生什么？政策制定者将如何制定稳定政策？
21. 需求拉动型通货膨胀是如何导致成本推动型通货膨胀的？
22. 政策利率达到零利率下限时，如何导致总需求曲线向上倾斜？
23. 为什么政策利率达到零利率下限时，经济的自我调节机制失效？
24. 当经济达到零利率下限时，非常规的货币政策会以何种方式影响投资的实际利率？信贷利差如何受到影响？

应用题

25. 假设政府决定通过减少政府支出来减少现有的政府预算赤字。

    a. 请用总需求和总供给曲线来描述短期内该政策对经济的影响，并描述其对通货膨胀率和产出的影响。

    b. 如果美联储决定稳定通货膨胀率，该政策将会对实际利率、通货膨胀率和产出水平产生什么影响？

26. 运用总需求曲线和总供给曲线做图说明政策时滞将如何导致产出和通货膨胀率预料之外的波动？

27. 随着政策制定者越来越关注通货膨胀率的稳定，总需求曲线的斜率变得越来越平坦，当经济体遭遇了暂时性的负向供给冲击时，总需求曲线斜率的改变如何发挥帮助稳定通货膨胀率的效果？这个改变将会如何影响产出？运用总需求曲线和总供给曲线做图说明。

28. 许多发展中国家的相关部门腐败严重，这将如何解释这些国家的经济通常表现为高通货膨胀率和经济滞涨？运用总需求曲线和总供给曲线做图说明。

29. 2003年，随着美国似乎最终要摆脱长久的衰退时，美联储开始担心经济的"软着陆"，尤其是通货紧缩发生的可能性。最终，美联储主动将联邦基金利率由2002年末的1.75%下降到2003年中的1%，此时联邦基金利率达到了当时的最低水平。另外，美联储承诺在相当长的一段时间里把联邦基金利率保持现有水平。一些人认为这项高度扩张的政策将会导致潜在的通货膨胀并且是不必要的。

a. 对零利率下限的恐惧将如何证明该项政策是必要的，尽管经济实际上并没有衰退？

b. 运用 AD/AS 模型和 MP 曲线做图说明该项政策的效果，并确保此图展示了 2003 年经济的最初情况和该政策对于通货紧缩的效果。

30. 假设 f 由以下两个因素确定：金融恐慌和资产购买量。

a. 运用 MP 曲线和 AS/AD 模型展示一个足够大的金融恐慌将如何把经济拉低至零利率下限并且进入不稳定的螺旋式通货紧缩。

b. 运用 MP 曲线和 AS/AD 模型说明一个充分的资产购买量如何逆转 a 部分所描述的金融恐慌的影响？

参考答案

选择题

1.A；2.B；3.C；4.C；5.A；6.D；7.C；8B；9.B；10.A

思考题

1. 答：当通货膨胀缺口为负值时，这意味着当前通货膨胀率低于目标通货膨胀率。

2. 答：错误的。如果中央银行奉行稳定政策，它可以通过自主放松政策同时稳定通货膨胀率和产出。如果它降低目标通货膨胀率，这将暂时稳定通货膨胀率。然而，产出仍将低于潜在产出。此外，随着经济从衰退中复苏，由于自我修正机制，通货膨胀率自然会开始下降。因此，为了让经济回到潜在产出水平，中央银行需要不断调整目标通货膨胀率。不断调整目标通货膨胀率将是低效的，并且可能向公众发出关于其正在做什么以及为什么这样做的模糊信息。

3. 答：a. 自主性消费的减少会降低总需求，因此货币政策制定者将寻求自主性宽松货币政策以稳定经济活动。

b. 金融摩擦的减少增加了总需求，因此货币政策制定者将寻求自主性紧缩货币政策以稳定经济活动。

c. 政府支出的增加会增加总需求，因此货币政策制定者将寻求自主性紧缩货币政策以稳定经济活动。

d. 税收增加会减少总需求，因此货币政策制定者会寻求自主性宽松货币政策以稳定经济活动。

e. 本币升值导致出口减少和进口增加，从而减少净出口和总需求，因此货币政策制定者将寻求自主性宽松货币政策以稳定经济活动。

4. 答：美联储在危机期间将联邦基金利率降至零，以抵消总需求下降，然而，这不足以稳定总需求和产出。因此，美联储采取非常规货币政策来帮助抵消金融摩擦。这涉及流动性供给和资产购买，这有助于降低中长期利率，并有助于增加总需求，尽管联邦基金利率已达到零下限。然而，由于危机的严重性，这些政策不足以稳定经济活动并使产出稳定在潜在产出水平。

5. 答：当适合实现价格稳定的政策也能稳定经济活动时，这就是巧合。在这种情况下，政策制定者的工作更容易，因为政策目标之间没有冲突，他们不必在它们之间做出选择。当经济受到总需求冲击或永久性的供给冲击而不是暂时性的供给冲击时，就会出现"神圣的巧合"。当面临前两种冲击中的任何一种时，政策制定者可以通过制定政策使经济的总需求曲线移动并恢复到长期均衡时的潜在产出水平，以稳定通货膨胀率和经济活动。然而，在暂时性的供给冲击的情况下，通过移动总需求曲线以实现通货膨胀率稳定的政策将使经济进一步偏离潜在产出水平，而那些旨在将经济活动稳定在潜在产出水平的政策将导致通货膨胀率进一步偏离目标通货膨胀率。

6. 答：在负向供给冲击下，通货膨胀率和失业率都会上升。为了降低失业率，必须推行扩张性政策，这将进一步加剧通货膨胀。另一方面，推行降低通货膨胀率的政策需要紧缩政策，这将进一步推高失业率。因此，在负向供给冲击的情况下，稳定政策需要在实现通货膨胀率稳定和实体经济活动稳定的目标之间进行权衡。

7. 答：在这两种情况下，通货膨胀率上升而产出下降。然而，在出现永久性负向供给冲击的情况下，对这些变量的长期影响是永久性的。在暂时性负向供给冲击下，通货膨胀率将上升，产出下降，但最终随着冲击消退，自我修正机制使经济回到长期均衡，产出和通货膨胀率都将回到之前的水平。换句话说，在后一种情况下，不利影响只是暂时性的，但在前一种情况下，不利影响是永久性的。

8. 答：在A国，决策者应选择稳定产出的政策。在B国，决策者应选择稳定通货膨胀率的政策。在C国，政策制定者不采取政策回应，即保持自主货币政策不变。

9. 答：不确定。暂时性的正向供给冲击具有增加产出和降低通货膨胀率的双重好处，因此在某种意义上，决策者通过不追求任何类型的稳定政策来获得两全其美的效果。然而，如果供给冲击足够大，它可能会降低通货膨胀率和增加产出，从而产生更多的可变性，从而导致通货膨胀率的不确定性，这实际上可能会破坏稳定性。在这种情况下，政策制定者追求短期内稳定通货膨胀率的政策可能最符合政策制定者的利益，直到供给冲击消退（与政策制定者什么都不做相比，这会暂时带来增加产出的额外好处)。

10. 答：这说明货币政策实施效果存在执行时滞问题。货币政策的变化会影响利率，从而影响新厂房和设备的投资成本。由于新厂房设备购置和投入使用可能需要数月时间，货币政策的利率效应出现长时间的执行时滞。

11. 答：这是指财政政策的立法时滞。

12. 答：稳定政策更多地使用货币政策而不是财政政策来实施，因为实施财政政策需要改变税收和政府支出，这比货币政策需要更长的时间来审议和实施。

13. 答：正确。如果数据时滞和认识时滞能够减少，那么对积极的政策的反对将不再那么多。例如，为了应对总需求冲击，总需求曲线可以更快地转向潜在产出，从而减少通货膨胀率和产出的变化，并使积极的政策更加可取。

14. 答：不一定，因为消除失业的积极政策可能会导致需求拉动型和成本推动型通货膨胀。此外，积极政策可能导致工人提高工资的可能性更高，从而导致高失业率。

15. 答：在这种情况下，政策制定者可能会采取过度扩张的政策，试图将产出提高到潜在产出水平之上，并将失业率降低到自然失业率以下。结果是，随着产出水平远远超过可持续产出水平，通货膨胀率将大幅上升。

16. 答：尽管通货膨胀率在20世纪60年代和20世纪70年代都显著增加，但增加的原因不同，导致对失业的影响大不相同。就20世纪60年代而言，大部分通货膨胀压力是需求拉动型通货膨胀政策造成的，这是由于高度扩张性的财政政策和货币政策将总需求曲线推向了右侧。这有助于将失业率降至较低水平。另一方面，在20世纪70年代，大部分通货膨胀缘于成本推动因素，例如不利的价格冲击、生产率下降和预期通货膨胀率急剧上升。这导致短期总供给曲线大幅向上移动，并引发螺旋式通货膨胀和更高的失业率。

17. 答：当短期总供给曲线的斜率更大时，工资和价格通常更灵活（即产出变化导致通货膨胀率发生更大变化）。这种情况构成了支持非积极主义政策的更有力的论据，因为当短期总供给曲线更陡峭时，总需求曲线的变化将导致产出和失业率的较小变化。或者，人们可能会认为，如果价格和工资的灵活性较低（短期总供给曲线较平坦时就是这种情况），则需要进一步采取积极的货币政策或财政政策来影响产出。

18. 答：错误的。即使政策制定者不希望通货膨胀，但如果他们追求高就业等目标或选择高预算赤字，通货膨胀可能会通过相关机制产生。

19. 答：货币政策制定者可以简单地通过实施自主性宽松货币政策（以提高通货膨胀率为目标）或自主性紧缩货币政策（以降低通货膨胀率为目标）来设定他们想要

的任何通货膨胀率。然而，尽管从长远来看他们可以对通货膨胀率施加这种控制，但从长远来看他们无法控制实际利率或潜在产出，因此古典二分法和货币中性理论在古典经济学框架中一样成立。

20. 答：如果政策制定者认为自然失业率为7%，而实际失业率为5%，那么一旦失业率降至7%以下，他们可能会采取紧缩政策，以避免潜在的需求拉动型通货膨胀问题。实际上，这代表了政策制定者在经济已经陷入衰退时收缩经济的情况。这些政策的结果是，这可能会导致通货膨胀率螺旋式下降，从而导致通货紧缩和严重的经济衰退。

21. 答：当通货膨胀率因需求方面的情况而上升时，这可能会促使工人要求更高的工资（高于劳动生产率的增长）以预期未来更高的通货膨胀率。这导致总供给曲线向上移动，并造成成本推动型通货膨胀（由需求拉动型通货膨胀引发）。

22. 答：当政策利率达到零下限时，较低的通货膨胀率会导致较高的实际利率，因为名义利率固定为零，而这种较高的实际利率会导致计划支出，从而导致总产出下降。随着通货膨胀率下降，总产出下降，然后导致总需求曲线向上倾斜。

23. 答：因为负产出缺口会导致短期总供给曲线下降，从而降低通货膨胀率，进而导致总产出沿着第14题的答案中所述的路线下降，进而导致更大的产出缺口。结果是通货膨胀率螺旋式下降，产出也在下降。因此自我调节机制无法运作。

24. 答：中央银行可以通过多种方式将投资的实际利率降低到零下限。第一种方式是向主要信贷市场提供流动性，中央银行可以直接减少金融摩擦，从而降低任何给定安全政策利率下投资的实际利率。在这种情况下，信用利差直接随着金融摩擦的减少而减少。第二种方式是购买私人资产。这具有减少特定资产类别的金融摩擦的效果，从而降低这些市场（例如抵押贷款支持证券和房地产市场）投资的实际利率。其结果是在任何给定的安全政策利率下降低投资的实际利率。在这种情况下，信用利差直接随着金融摩擦的减少而减少。第三种方式是中央银行购买长期政府证券。这会在任何给定的金融摩擦水平下直接降低长期实际利率。这导致投资的实际利率下降，但不会（至少不会直接）影响金融摩擦或信用利差。第四种方式是通过前瞻性指引，利用有关未来政策路径的信息降低长期实际利率，从而降低投资的实际利率。

应用题

25. 答：a. 根据总需求和总供给分析，政府支出的减少导致总需求曲线向左移动，因为总支出在任何通货膨胀率水平下都减少。结果，与短期总供给曲线的新交点决定了比以前更低的通货膨胀率和产出水平，如下图所示。此时，产出低于潜在产出，通货膨胀率低于目标。

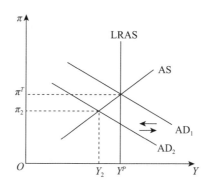

b. 如果美联储决定使用货币政策工具来稳定通货膨胀率，它将有效地降低任何通货膨胀率水平下的实际利率，从而使 MP 曲线向下移动。这将使 AD 曲线向右移动并使经济恢复到长期均衡，此时通货膨胀率回到其目标 π^T 并且产出再次处于潜在产出水平。唯一受该政策长期影响的是实际利率，实际利率现在设定在低于先前长期均衡水平的水平。

26. 答：假设经济目前在如下图所示的 A 点处于衰退状态，政策制定者希望稳定产出。鉴于当前对经济状况的假设，政策制定者可能会制定一项他们预计会将总需求转移到 AD_A 并稳定经济的政策。然而，由于政策时滞（可能是未知的），政策变化可能需要一些时间才能真正生效。如果经济开始复苏并且需求开始独立于政策效应而扩张，那么一旦政策真正生效，它可能会将总需求扩大到超过潜在产出的水平，达到 C 点所对应的产出水平。在这种情况下，产出超过潜在产出水平，通货膨胀率高于预期，随着预期通货膨胀率上调，可能导致通货膨胀率进一步上升。此外，一旦产出达到 C 点所对应的产出水平，政策制定者可能会尝试纠正超调，这可能导致总需求回落至 AD_A 以下，并导致通货膨胀率和产出进一步波动。

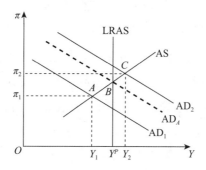

27. 答：如下图所示，当总需求曲线变得更平坦时，对于给定的负向总供给冲击，这意味着通货膨胀率上升幅度较小，而产出下降幅度较大。因此，随着总需求曲线变得更平坦，通货膨胀率保持在更接近原来的水平，但是，产出的变化效果更为明显。

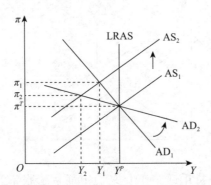

28. 答：贪污腐败导致市场效率低下，尤其是在向消费者和其他公司提供商品和服务的方式上。作为结果，这会降低经济体的长期生产能力，并产生永久性的负向供给冲击，如下图所示。这导致更高的通货膨胀率和潜在产出水平的下降，这些国家可能表现出经济低增长甚至负增长上。

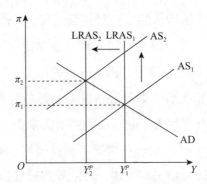

29. 答：a. 政策制定者担心冲击可能将经济推入螺旋式通货紧缩，短期名义政策利率将被限制在零下限。到那时，传统的货币政策将失效。政策制定者认为，在通货紧缩螺旋式上升的情况下，经济损失的风险足以克服实施政策时的任何潜在通货膨胀风险。因此，政策制定者选择了错误地试图消除通货紧缩威胁。

b. 当经济从 A 点开始时，不利的冲击会推动经济陷入不稳定的通货紧缩。自主宽松货币政策会使 MP 曲线下移，在短期内经济最终会到达 B 点。请注意，即使经济未处于长期均衡状态，但在该点，自我修正由于零利率下限拐点位于 LRAS 曲线的右侧，该机制可以使经济走向稳定的长期均衡（见下图）。

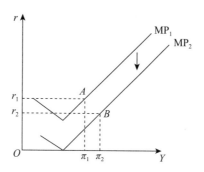

30. 答：a. 金融恐慌会增加 f，从而在任何给定的通货膨胀率下提高投资的实际利率。如下图所示足够大的恐慌将经济由 A 点推向 B 点，自我调节机制将降低通货膨胀率，实际利率将上升，因为经济已超出零利率下限。这会导致螺旋式通货紧缩，经济将朝着（并超过）C 点移动。

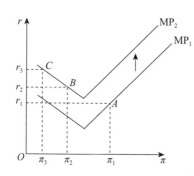 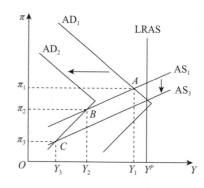

b. 足够的资产购买将降低 f，扭转恐慌的影响，并在任何给定的通货膨胀率下降低投资的实际利率。这将经济从 A 点移动到诸如 B 点之类的点，在 B 点，经济不再处于螺旋式通货紧缩的风险之中。在 B 点，自我调节机制可以使经济走向稳定的长期均衡，因为零利率下限拐点位于 LRAS 曲线沿 AD 曲线的右侧，如下图所示。

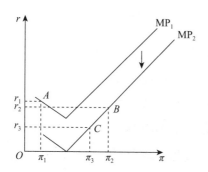 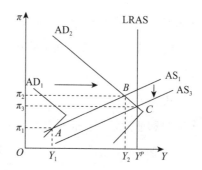

第 25 章

货币政策传导机制

选择题

1. 按照传统的利率渠道，扩张性货币政策降低了实际利率，从而增加了_____的支出。

   (A) 企业固定投资　　　　　　　(B) 政府开支

   (C) 非耐用消费品　　　　　　　(D) 净出口

2. 如果总物价水平随时间缓慢调整，则扩张性货币政策降低了什么？_____。

   (A) 只有短期名义利率

   (B) 只有短期实际利率

   (C) 短期名义利率和实际利率

   (D) 短期名义利率、短期实际利率和长期实际利率

3. 在 20 世纪 90 年代后期，股市泡沫使托宾 q 值_____，并导致商业设备_____。

   (A) 增加；投资不足　　　　　　(B) 增加；过度投资

   (C) 减少；投资不足　　　　　　(D) 减少；过度投资

4. 弗兰科·莫迪利亚尼发现扩张性货币政策会导致股市价格_____和消费_____。

   (A) 增加；增加　　　　　　　　(B) 增加；减少

   (C) 减少；减少　　　　　　　　(D) 减少；增加

5. 根据家庭流动性效应，扩张性货币政策导致家庭金融资产价值_____，导致耐用

消费品支出_____。

(A) 下降；上升 　　　　　　　　(B) 上升；上升

(C) 上升；下降 　　　　　　　　(D) 下降；下降

6. 次贷金融危机导致了经济衰退，因为逆向选择和道德风险问题_____以及房价_____。

(A) 增加；上升 　　　　　　　　(B) 增加；下降

(C) 减少；上升 　　　　　　　　(D) 减少；下降

7. 从 20 世纪 90 年代到 2012 年，日本经济经历了什么样的货币政策？_____。

(A) 名义利率下降的宽松货币政策

(B) 短期利率接近于零的宽松货币政策

(C) 资产价格下跌的紧缩货币政策

(D) 短期利率接近于零的紧缩货币政策

8. 以下哪项不是结构模型的优点？_____。

(A) 结构模型可以帮助我们更准确地预测货币政策对经济活动的影响

(B) 结构模型提供了更多关于货币政策对经济活动影响的证据

(C) 结构模型可以让经济学家更准确地预测制度变化对货币政策和收入之间联系的影响

(D) 结构模型对货币政策影响经济的方式没有任何限制

9. 以低等级债券为标准，大萧条时期利率是_____，货币政策是_____。

(A) 低的；紧缩的 　　　　　　　(B) 低的；宽松的

(C) 高的；紧缩的 　　　　　　　(D) 高的；宽松的

10. 作为最近的实证研究的结果，凯恩斯主义和货币主义的观点趋于一致，认为_____。

(A) 货币才是最重要的 　　　　　(B) 货币很重要

(C) 货币不重要 　　　　　　　　(D) 财政政策是最重要的

思考题

1. 2008~2017 年，美国的汽车贷款利率已经从 8% 左右下降到接近历史低点 4.5% 左右。同时，2017 年汽车销量已经接近历史最高水平。这与货币传导机制有什么关系呢？

2. "美国消费占整个 GDP 的 2/3，这意味着利率、财富效应和家庭流动性渠道是美国最重要的货币政策。"上述说法是否正确？请说明理由。

3. 当短期利率处于零利率下限的状况时，利率渠道如何发挥作用。
4. 拉斯·斯文松，前普林斯顿教授和瑞典中央银行的副行长宣称，如果经济面临通货紧缩的危险，中央银行行长应该"认真且不负责任"地实施扩张性货币政策。请解释上述观点并指出以上内容和货币传导机制有哪些关系。
5. 货币政策可以通过许多不同渠道发挥作用，请至少陈述一个以上的优缺点。
6. "如果国家采用固定汇率，那么货币政策汇率传导渠道将不存在"，以上观点是否正确，并说明理由。
7. 在 2007~2009 年经济衰退期间，股票市场价值下跌超过了 50%。股票市场的下跌会如何影响总需求，进而加速经济衰退？请通过传导机制具体说明股票市场下跌如何影响经济运行。
8. "投资的融资成本只与利率有关，因此货币政策只能通过影响利率来影响投资支出。"判断这种说法是否正确并说明理由。
9. 从 2009 年初到 2017 年秋季，标准普尔 500 指数累计增长 260%，每年大约增长 30%。在同一时期，一项消费者信心指数从 56 几乎升至 100（或者说累计增长约 80%）。解释这与货币传导机制有什么关系？
10. 从 2008 年中到 2009 年初，道琼斯工业平均指数下降超过 50%，而实际利率变低或者下降。上述情景会对投资造成哪些影响。
11. 诺贝尔奖获得者弗兰科·莫迪利亚尼发现货币政策传导机制最重要的一部分涉及了消费者支出。描述至少两种涉及消费者支出的机制是如何工作的。
12. 20 世纪 90 年代末期，股价迅速上升，经济增长，美联储将利率定得相对较低。结合托宾 q 理论传导机制，请评价此政策会如何影响经济。
13. 在金融危机期间，美联储将联邦基金利率几乎降为零。与此同时，股市暴跌，房地产市场价值急剧缩水。结合财富效应，请评价此时期内货币政策的有效性。
14. 2014 年 8 月至 2017 年 8 月，美联储继续重申货币政策是"宽松的"。在此期间，银行的超额准备金从约 2.67 万亿美元下降到约 2 万亿美元，降幅约为 25%。这对银行贷款渠道有什么影响？
15. 信用观点指出，货币政策对小型企业的影响大于大型公司，请解释理由。
16. 如今银行贷款渠道可能没有以前具有影响力，请解释理由。
17. 如果逆向选择增加，道德风险上升，这将如何影响货币政策预示经济衰退的能力。
18. 请说明大萧条如何显示了非预期的价格水平渠道。
19. 请说明财富效应和家庭流动性效应有哪些异同。
20. 随着全球金融危机的爆发，抵押贷款利率在 2013 年和 2016 年都达到历史新低：

a. 根据家庭流动性效应渠道，这种情况会对经济产生哪些影响？

b. 与此同时，大多数银行显著提高了银行信用标准，因此家庭贷款和为现有债务再融资变得更加困难。以上信息会对 a 部分中的答案造成哪些改变。

21. 如果联邦基金利率是零，美联储就不能再实施有效的宽松政策。判断这句话是否正确并解释理由。

22. 2015 年 12 月，美联储在近十年内第一次提高联邦基金利率，此后在很长的一段时间里，利率逐步上升。但是在此期间，美联储继续在其政策声明中重申：货币政策的立场仍然是宽松的。解释这一看似矛盾的现象。

23. 一般来说，如果股票价格上涨，消费增长强劲，房价上升幅度高，失业率低，你认为货币政策可能是宽松的还是紧缩的？

24. 请说明日本经历的"失去的 20 年"是如何支持货币政策的四种启示的。

应用题

25. 假如经济处于衰退时期，例如经济低迷或存在严重的金融摩擦，并且货币政策制定者降低利率来稳定经济。请用总供给和总需求曲线来展示在传导机制正常和传导机制很弱的两种情况下货币宽松政策的影响。

参考答案

选择题

1.A；2.D；3.B；4.A；5.B；6.B；7.C；8.D；9.C；10.B

思考题

1. 答：假设那段时间货币政策相对宽松，将有助于汽车贷款利率下降，从而鼓励更多的汽车购买。这种影响突出了传统利率渠道的一个维度，即宽松的货币政策导致耐用消费品（汽车）增加。

2. 答：这种说法是不确定的。尽管消费占美国整体 GDP 的最大部分，而且毫无疑问这些渠道对货币政策的有效性很重要，但有些人可能不同意这种说法。例如，即使投资接近美国 GDP 的 15%，投资波动在经济周期中比消费变化更为明显，导致利率对投资的影响可能更为重要。此外，信用观点的支持者认为，信用市场效应比利率效应重要得多，并且由于信用观点主要影响投资，因此信用对投资的影响可能比货币政策变化对消费的影响更大。

3. 答：如果中央银行承诺在维持低名义利率的同时实施更高的通货膨胀率政策，这将提高预期通货膨胀率，从而降低实际利率，即使名义利率为零。此外，中央银行可以承诺长期将短期利率保持在低位，这可能会降低长期名义利率，从而降低实际长期利率。

4. 答：通货紧缩的部分问题是较低的（负）通货膨胀率会提高实际利率，从而提高资金成本并通过利率渠道降低投资和消费，从而造成进一步的通货紧缩压力。此外，短期名义利率下行至零，传统货币政策失效。因此，通过"认真且不负责任"的相关行为，中央银行可以致力于制定强有力但是暂时性的通货膨胀政策，旨在提高预期通货膨胀率（从而降低实际利率），这足以通过利率渠道创造刺激并安全地扩大总需求并且肯定会摆脱通货紧缩的恶性循环。

5. 答：货币政策有很多渠道影响经济的一个优势是，如果政策通过任何一个特定渠道失效，并不意味着政策完全无效，因为同样的政策仍然可以在其他渠道和其他经济领域影响经济。另一方面，货币政策实施的渠道如此之多，可能会增加任何特定政策效果的不确定性。

6. 答：正确。当国家采用固定汇率时，必须使用货币政策来影响利率以维持汇率。换句话说，中央银行必须改变实际利率以维持汇率，这意味着只要保持汇率挂钩，净出口和总需求就不会受到影响。

7. 答：股价下跌可能通过四种主要机制降低总需求并加剧经济衰退的严重性。第一，股价下跌降低了托宾 q 值，可能减少了投资支出。第二，由于股价下跌，金融财富下降可能会导致消费下降，因为消费者的总资源减少了。第三，股价下跌降低了金融资产的价值，增加了人们陷入财务困境的可能性，因此他们减少了对耐用消费品和住房的购买。第四，股价下跌降低了企业的净资产，这增加了贷款中的逆向选择和道德风险问题，并可能导致贷款减少和投资支出减少。

8. 答：错误的。货币政策可以影响股票价格，从而影响托宾 q 值和贷款中的逆向选择和道德风险问题，从而影响投资支出。此外，货币政策会影响贷款可用性，这可能会影响投资支出。

9. 答：假设那段时间货币政策相对宽松，这可能导致股价上涨。股票投资组合的价值越高，家庭的财富就越高，并反映在更高的消费者信心上。通过这种财富效应，消费会增加，这表明了货币传导机制的财富渠道。

10. 答：较低的实际利率将刺激投资支出，因为投资和融资成本会下降。然而，股市下跌会导致公司市值下降，从而导致托宾 q 值下降。托宾 q 值的下降将导致投资支出下降。由于股价和托宾 q 值下降幅度如此之大，投资支出实际上在此期间大幅下降。

11. 答：存在三种涉及消费者支出的机制。首先，扩张性货币政策降低了利率，降低了耐用消费品的融资成本，耐用消费品支出上升。其次，扩张性货币政策导致股价和财富上涨，从而为消费者带来更多的总资源，并促使他们增加消费。再次，导致股价和金融资产价值上涨的扩张性货币政策也降低了人们陷入财务困境的可能性，因此他们在耐用消费品上花费更多。

12. 答：这种情况与托宾 q 值和扩张性货币政策的财富效应一致。随着利率降低，股票价格上涨。托宾 q 值预测投资将增加，从而刺激总需求。此外，随着股价上涨，这将增加财富并导致更高的消费和总需求增加。

13. 答：财富渠道表明，这种货币政策会提高股价和房价，进而提高房主资产，从而通过住房市场和股票市场增加财富。然而，尽管实际利率较低，但股价和房价急剧下跌，最终导致消费和总需求下降，表明通过财富渠道的货币政策效应在全球金融危机期间无效。

14. 答：在宽松的货币政策和银行体系准备金充足的情况下，超额准备金的减少可以解释为银行放贷的增加。通过货币传导机制的银行贷款渠道，增加的贷款应该会导致企业投资和新住宅建设投资增加。

15. 答：由于小企业比大企业更依赖银行贷款，因此影响信贷可用性的货币政策变化对小企业的影响要大于对大企业的影响。

16. 答：这可能有几个原因。首先，美国的银行监管有所放松，使得银行更容易通过 Q 条例下烦琐的各种渠道筹集资金。这意味着美联储因为法规的变化对银行应对政策变化的行为的控制减少。此外，传统银行贷款业务在全球范围内出现下滑，这意味着银行贷款的规模较小，从而削弱了这一渠道的效力。

17. 答：这将使中央银行更难刺激经济。信用观点表明，逆向选择和道德风险在影响投资行为并最终影响经济方面发挥重要作用。然而，在经济低迷时期，信息不对称问题加剧，这意味着货币政策必须更加有力，以抵消逆向选择和道德风险增加带来的紧缩效应。

18. 答：大萧条时期，物价水平下降导致消费者财富大幅减少，消费急剧下降。价格下跌导致实际债务增加了 20% 以上，总体而言，对消费者的影响是，支出减少了 50% 以上，住房支出下降了 80%。

19. 答：这两个渠道的相似之处在于，实际利率上升导致资产价格下降，从而导致消费和住房支出减少。不同之处在于资产价格的变化如何导致支出减少。在财富效应下，当财富较低时（由于总体资源较低），人们的消费意愿就会降低，从而导致支出减少。相反，家庭流动性效应表明流动性较强的资产（如现金或股票）与流动性较差的资产（如耐用消费品或住房）之间的替代效应。因此，在资产价值较低的情况下，家庭会利用其资源购买更安全、更具有流动性的资产，而不是耐用消费品或住房，从而导致总需求下降。

20. 答：a. 较低的抵押贷款利率可能导致更高的房价并提高住房财富的价值。这会降低出现财务困境的可能性，并提高耐用消费品和住房支出。

    b. 尽管利率极低，但如果没有人有资格获得低利率抵押贷款，那么它不会对提高家庭金融资产（即住房财富）的价值产生明显影响。因此，财务困境的可能性将继续升高，并且不会改善耐用消费品和住房支出。

21. 答：错误的。尽管传统的货币政策工具可能无效，但美联储可以实施一些非常规的货币政策，以在需要时帮助宽松政策的实施。2009年金融危机就是一个很好的例子，美联储能够有效地实施大规模资产购买计划，向主要信贷市场提供流动性，并使用前瞻指引有效地（如果不是缓慢地）实现持续复苏，远离零利率下限。

22. 答：尽管美联储正在提高其常规政策利率，但通货膨胀率高于联邦基金利率的事实表明实际政策利率仍然为负值，因此是宽松的。此外，在此期间，美联储仍持有大量来自其之前大规模资产购买计划的资产，这也对抵押贷款利率和长期利率产生了宽松影响。总而言之，这反映了一个事实，即名义政策利率的变动不一定表示货币政策的整体立场。

23. 答：在这种情况下，很可能无论短期名义政策利率是多少，货币政策都非常宽松。

24. 答：日本的经验直接支持了货币政策的四个启示。第一，日本的短期利率接近于零，然而，由于通货紧缩，实际利率仍然居高不下，表明紧缩的货币政策立场。第二，如果日本政策制定者更多地关注股票市场和房地产市场的崩溃，这可能会导致更早、更迅速地采取行动来支撑经济。第三，除了将短期利率降至零外，日本没有采取任何措施刺激经济。然而，日本本来可以采取更多措施，通过资产购买和提高预期通货膨胀率来压低长期利率。第四，日本允许经济进入通货紧缩期，导致价格水平出现意外和不受欢迎的波动。

应用题

25. 答：当传导机制正常（且可预见）时，政策制定者可以合理精确地放松货币政策，从而使总需求曲线从 AD_1 向右移动到 AD_3 并消除产出缺口。在货币传导机制无法正常发挥作用的时期，例如在金融危机期间，某些渠道可能无法发挥作用，或根本无法发挥作用。因此，对于给定的货币政策"处方"，对总需求的影响可能很小或不存在。在这种情况下，总需求曲线可能只会向右移动到 AD_2，产出缺口可能仍然保持在 Y_2。这说明了在这种情况下货币政策稳定产出缺口的局限性（见下图）。

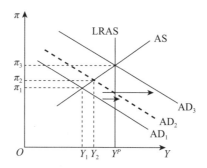

推荐阅读

	中文书名	原作者	中文书号	定价
1	货币金融学(美国商学院版，原书第5版)	弗雷德里克·S. 米什金 哥伦比亚大学	978-7-111-65608-1	119.00
2	货币金融学(英文版·美国商学院版，原书第5版)	弗雷德里克·S. 米什金 哥伦比亚大学	978-7-111-69244-7	119.00
3	《货币金融学(原书第5版)》习题集	弗雷德里克·S. 米什金 哥伦比亚大学	978-7-111-73491-8	69.00
4	投资学（原书第10版）	滋维·博迪 波士顿大学	978-7-111-56823-0	129.00
5	投资学（英文版·原书第10版）	滋维·博迪 波士顿大学	978-7-111-58160-4	149.00
6	投资学（原书第10版）习题集	滋维·博迪 波士顿大学	978-7-111-60620-8	69.00
7	投资学（原书第9版·精要版）	滋维·博迪 波士顿大学	978-7-111-48772-2	55.00
8	投资学（原书第9版·精要版·英文版）	滋维·博迪 波士顿大学	978-7-111-48760-9	75.00
9	公司金融(原书第12版·基础篇)	理查德·A. 布雷利 伦敦商学院	978-7-111-57059-2	79.00
10	公司金融(原书第12版·基础篇·英文版)	理查德·A. 布雷利 伦敦商学院	978-7-111-58124-6	79.00
11	公司金融(原书第12版·进阶篇)	理查德·A. 布雷利 伦敦商学院	978-7-111-57058-5	79.00
12	公司金融(原书第12版·进阶篇·英文版)	理查德·A. 布雷利 伦敦商学院	978-7-111-58053-9	79.00
13	《公司金融（原书第12版）》学习指导及习题解析	理查德·A. 布雷利 伦敦商学院	978-7-111-62558-2	79.00
14	国际金融（原书第5版）	迈克尔·H. 莫菲特 雷鸟国际管理商学院	978-7-111-66424-6	89.00
15	国际金融（英文版·原书第5版）	迈克尔·H. 莫菲特 雷鸟国际管理商学院	978-7-111-67041-4	89.00
16	期权、期货及其他衍生产品（原书第11版）	约翰·赫尔 多伦多大学	978-7-111-71644-0	199.00
17	期权、期货及其他衍生产品（英文版·原书第10版）	约翰·赫尔 多伦多大学	978-7-111-70875-9	169.00
18	金融市场与金融机构（原书第9版）	弗雷德里克·S. 米什金 哥伦比亚大学	978-7-111-66713-1	119.00

推荐阅读

	中文书名	原作者	中文书号	定价
1	金融市场与机构（原书第6版）	安东尼·桑德斯 纽约大学	978-7-111-57420-0	119.00
2	金融市场与机构（原书第6版·英文版）	安东尼·桑德斯 纽约大学	978-7-111-59409-3	119.00
3	商业银行管理（第9版）	彼得·S.罗斯 得克萨斯A&M大学	978-7-111-43750-5	85.00
4	商业银行管理(第9版·中国版)	彼得·S.罗斯 得克萨斯A&M大学 戴国强 上海财经大学	978-7-111-54085-4	69.00
5	投资银行、对冲基金和私募股权投资（原书第3版）	戴维·斯托厄尔 西北大学凯洛格商学院	978-7-111-62106-5	129.00
6	收购、兼并和重组：过程、工具、案例与解决方案（原书第7版）	唐纳德·德帕姆菲利斯 洛杉矶洛约拉马利蒙特大学	978-7-111-50771-0	99.00
7	风险管理与金融机构（原书第5版）	约翰·赫尔 多伦多大学	978-7-111-67127-5	99.00
8	现代投资组合理论与投资分析（原书第9版）	埃德温·J.埃尔顿 纽约大学	978-7-111-56612-0	129.00
9	债券市场：分析与策略（原书第8版）	弗兰克·法博齐 耶鲁大学	978-7-111-55502-5	129.00
10	固定收益证券（第3版）	布鲁斯·塔克曼 纽约大学	978-7-111-44457-2	79.00
11	固定收益证券	彼得罗·韦罗内西 芝加哥大学	978-7-111-62508-7	159.00
12	财务报表分析与证券估值（第5版·英文版）	斯蒂芬·H.佩因曼 哥伦比亚大学	978-7-111-52486-1	99.00
13	财务报表分析与证券估值（第5版）	斯蒂芬·H.佩因曼 哥伦比亚大学	978-7-111-55288-8	129.00
14	金融计量：金融市场统计分析（第4版）	于尔根·弗兰克 凯撒斯劳滕工业大学	978-7-111-54938-3	75.00
15	金融计量经济学基础：工具，概念和资产管理应用	弗兰克·J.法博齐 耶鲁大学	978-7-111-63458-4	79.00
16	行为金融：心理、决策和市场	露西·F.阿科特 肯尼索州立大学	978-7-111-39995-7	59.00
17	行为公司金融（第2版）	赫什·舍夫林 加州圣塔克拉大学	978-7-111-62011-2	79.00
18	行为公司金融（第2版·英文版）	赫什·舍夫林 加州圣塔克拉大学	978-7-111-62572-8	79.00
19	财务分析：以Excel为分析工具（原书第8版）	蒂莫西·R.梅斯 丹佛大都会州立学院	978-7-111-67254-8	79.00
20	金融经济学	弗兰克·J.法博齐 耶鲁大学	978-7-111-50557-0	99.00